高等职业教育新形态精品教材

U0458152

UI界面设计
项目实战

主　编◎周晓红

北京理工大学出版社
BEIJING INSTITUTE OF TECHNOLOGY PRESS

内 容 提 要

本书以理论知识为基础、以项目实战为主的理实相结合的方式进行编写，介绍了网站设计制作流程、网页UI设计规范、网页常用布局等相关知识，并通过文化旅游网、家居装饰网、公益阅读网和视听音乐网4个实战项目，系统阐述了PC端和移动端网页界面设计与网页开发过程。本书项目实用性强，思政特色鲜明，每个项目通过任务驱动的情景式学习引导读者制作一个完整的网页页面，有效激发学习兴趣，提高网页设计效率和从业素质。本书配有所有项目案例的源码、课件、微课视频等资源，扫码即可使用。

本书可作为高等院校WUI设计与网页制作相关课程的教材，也可作为网页设计与制作从业人员的自学参考书。

图书在版编目（CIP）数据

UI界面设计项目实战 / 周晓红主编. -- 北京：北京理工大学出版社，2022.7（2022.8重印）
ISBN 978-7-5763-1566-0

Ⅰ．①U… Ⅱ．①周… Ⅲ．①人机界面－程序设计
Ⅳ．①TP311.1

中国版本图书馆CIP数据核字（2022）第137969号

出版发行／北京理工大学出版社有限责任公司
社　　址／北京市海淀区中关村南大街5号
邮　　编／100081
电　　话／（010）68914775（总编室）
　　　　　（010）82562903（教材售后服务热线）
　　　　　（010）68944723（其他图书服务热线）
网　　址／http：//www.bitpress.com.cn
经　　销／全国各地新华书店
印　　刷／河北鑫彩博图印刷有限公司
开　　本／889毫米×1194毫米　1/16
印　　张／7　　　　　　　　　　　　　　　　　　责任编辑／钟　博
字　　数／191千字　　　　　　　　　　　　　　　文案编辑／钟　博
版　　次／2022年7月第1版　　2022年8月第2次印刷　责任校对／周瑞红
定　　价／49.00元　　　　　　　　　　　　　　　责任印制／王美丽

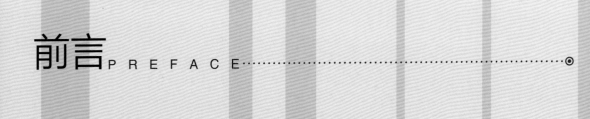

前言 PREFACE ·· ◎

　　为了更好地促进信息技术与教育教学的深度融合，体现高等院校课程内容的职业性、实践性和开放性，满足专业教学和学生的多样化学习需求，编者以岗位能力分析为起点，与企业人员合作，共同确定编写框架与内容，时刻贯穿思政元素，学生通过书中内容的学习能够有效提升综合职业能力和素质，具备一定的设计与创新能力。

　　传统纸质教材一般讲述相对完整的知识体系，以顺序的方式编排学习内容，并且实战内容篇幅较少，没有体现教材的职业性和思政特色。本书将网页设计与制作的知识与技巧融入具体的项目和任务，每个项目就是一种网页开发的解决方案，项目分解核心知识点、思政元素融入具体的模块实战任务，每个任务既相对独立又循序渐进，且难度层次不同，学习者可根据自身基础定制学习。

　　本书分为4个项目26个实战任务，详细介绍了网页界面设计与布局实现的基本知识和各类实战技巧。项目1和项目2为PC端网页应用案例，包括PC端界面设计和布局实现相关知识、PC端主页界面设计实战、PC端主页页面制作实战三部分内容。项目3和项目4为移动端网页应用案例，包括移动端界面设计和布局实现相关知识、移动端主页界面设计实战、移动端主页页面制作实战三部分内容。

　　本书注重理论与实践的结合，突出应用与实践操作：理论知识介绍由浅入深、通俗易懂，通过图文并茂的形式，帮助读者理解和吸收相关知识；实践案例既是对知识的强化，又是对实际应用技能的锻炼与培养，能够促进读者知识与技能的双向发展，满足读者的个性化学习需求。

　　本书的特色如下：

　　（1）项目实用性强，思政特色鲜明。每个项目的不同任务结合文化旅游、简约环保等主题进行情景式学习，更符合社会综合人才的培养需求。

　　（2）任务驱动，目标明确。项目实施过程分为具体的操作任务按阶段学习，每个任务通过知识总结、拓展实践为读者提供更多解决问题的方法和实践方向。

　　（3）教学资源完善，使用方便。书中所有项目均提供案例源文件、素材、教学课件和微课视频，读者扫码即可观看和学习，轻松掌握相关知识与技能。

　　本书参考学时为48～64学时，建议采用理论实践一体化教学模式。

　　本书在编写过程中力求全面、深入，但由于编者水平有限，书中部分内容在数据或规范要求上可能出现更新不及时的现象，敬请广大读者批评指正。

编　者

目录 CONTENTS ·········· ⊙

第 1 篇　PC 端网页界面设计与布局实现

项目 1　文化旅游网主页界面设计与布局实现 ······················· 003

1.1　PC端网页界面设计相关知识 ································· 005

1.2　项目实战——文化旅游网主页界面设计 ····················· 012

1.3　项目实战——文化旅游网主页头部模块布局实现 ··············· 017

1.4　项目实战——文化旅游网主页导航模块布局实现 ··············· 019

1.5　项目实战——文化旅游网主页banner模块布局实现 ············· 021

1.6　项目实战——文化旅游网主页主体模块布局实现 ··············· 024

1.7　项目实战——文化旅游网主页页脚模块布局实现 ··············· 029

项目 2　家居装饰网主页界面设计与布局实现 ······················· 031

2.1　PC端网页布局实现相关知识 ································· 033

2.2　项目实战——家居装饰网主页界面设计 ····················· 041

2.3　项目实战——家居装饰网主页头部模块布局实现 ··············· 046

2.4　项目实战——家居装饰网主页导航和banner模块布局实现 ········· 049

2.5　项目实战——家居装饰网主页主体模块布局实现 ··············· 053

2.6　项目实战——家居装饰网主页页脚模块布局实现 ··············· 058

第2篇　移动端网页界面设计与布局实现

项目3　**公益阅读网主页界面设计与布局实现** ··· 063

3.1　移动端网页界面设计相关知识 ··· 064

3.2　项目实战——公益阅读网主页界面设计 ··· 067

3.3　项目实战——公益阅读网主页头部模块布局实现 ·· 072

3.4　项目实战——公益阅读网主页导航模块布局实现 ·· 074

3.5　项目实战——公益阅读网主页banner和搜索模块布局实现 ································ 076

3.6　项目实战——公益阅读网主页主体模块布局实现 ·· 078

3.7　项目实战——公益阅读网主页页脚模块布局实现 ·· 083

项目4　**视听音乐网主页界面设计与布局实现** ··· 086

4.1　移动端网页布局实现相关知识 ··· 087

4.2　项目实战——视听音乐网主页界面设计 ··· 091

4.3　项目实战——视听音乐网主页头部模块布局实现 ·· 094

4.4　项目实战——视听音乐网主页导航和banner模块布局实现 ································ 097

4.5　项目实战——视听音乐网主页主体模块布局实现 ·· 099

4.6　项目实战——视听音乐网主页页脚模块布局实现 ·· 102

参考文献 ··· 105

第1篇

PC端网页界面设计
与布局实现

项目1 文化旅游网主页界面设计与布局实现

项目目标

1. 了解 PC 端网站常见设计风格；
2. 了解 PC 端网站设计制作流程；
3. 掌握 PC 端网页界面设计规范（重点）；
4. 掌握 Photoshop 设计制作 PC 端网页界面的方法与技巧（重点）；
5. 掌握 HTML5 与 CSS3 制作 PC 端网页页面的方法与技巧（重点）。

项目描述

项目主题："多彩吉林"文化旅游网主要推介吉林省文化、旅游等相关信息，全面展示旅游相关资讯，全新展现独特的吉林地域文化，感受文化旅游，关注旅游文化。"多彩吉林"文化旅游网诚邀您共赏大美吉林，体验吉林文旅新生活。

项目实施：本项目主要通过 Photoshop、HTML5、CSS3 等进行"多彩吉林"文化旅游网主页的 PC 端网页界面设计与布局实现。主页页面展示网站主题 Logo，提供搜索、导航、推荐信息展示等主要功能，以图片为主并配以简要的文字说明，通过页面头部、页面导航、页面 banner、页面主体、页面页脚 5 个模块完成文化旅游网的布局实现，主页效果如图 1-1 所示。

文化旅游网主页界面设计与布局实现源文件

图1-1 "多彩吉林"文化旅游网主页效果

1.1　PC 端网页界面设计相关知识

1.1.1　WUI 设计概述

　　WUI 一般指网页用户界面，是用户访问网站的界面，WUI 设计注重人与网站的互动与体验，是以人为中心的网页界面设计。在进行网站制作前，首先要进行网站页面的整体设计，通常意义上的网站设计，指的是网站中各个网页界面的设计，而网页界面的设计是否合理、美观，将直接影响到用户的阅读体验及访问时间。目前，WUI 设计一般包括 PC 端和移动端网页界面设计，网页的组成元素主要包括文本、图像、超链接、横幅广告、动画、视频、音乐及多种动态效果等，图 1-2 所示为不同设备终端的 WUI 设计与显示效果。

图 1-2　不同设备终端的 WUI 设计与显示效果

1.1.2　PC 端网站设计制作流程

　　虽然网站的主题和内容各不相同，但为了让网页界面设计过程更具有规范性，都会遵循一个基本的设计流程，如图 1-3 所示。

图 1-3　网站设计制作流程

1. 网站主题与策划

（1）首先要进行网站需求分析和策划，主要分析网站的主题和功能等，然后确定符合网站主题的设计方案并形成文档。

（2）根据网站主题收集相关图片、文字、视频等素材资料并进行分类整理。

2. 网页界面的原型设计与视觉设计

（1）根据网站设计方案手绘界面设计草图或利用软件绘制线稿图，完成网页设计原型图。

（2）根据原型图利用 Photoshop 等软件制作网页界面的视觉效果图。

3. 前端网页制作

（1）前端开发人员会利用 HTML5、CSS3 等重构网页界面的视觉设计稿，将其转化为静态网页页面。

（2）静态网页页面制作完成后需要检查静态网页还原度是否有问题，如果和视觉效果图出入较大就需要调整代码，重复调试过程直到基本还原界面设计视觉效果图。

4. 后端功能开发

根据前端页面开展数据库设计和源代码编程，实现后端开发数据信息的逻辑关系，提交数据存储、更新改动、删除、查询等操作，通常要用到 Java、PHP、JSP 等编程技术。

5. 测试发布

在网页后端开发完成之后，由项目开发相关人员共同开展各种测试和检验，随后再进行由非项目人员作为客户角色对网站开展实用性等各种测试并进行意见反馈，针对存在问题和不足进行修改与完善并最终发布。

1.1.3 PC 端网页设计基本规范

网站设计并无具体平台限定的风格，也没有必须要设计的系统级导航栏和工具栏等，所以，网站设计更加灵活，下面介绍的只是网站设计的基本规范，网站设计制作人员可以参考。

1. 网页界面设计风格

网页界面设计风格是指网站页面上的视觉元素组合在一起的整体形象，包括页面的统一风格、Logo 设计、网页界面的合理布局、网页界面色彩搭配、网页界面导航、正确的页面尺寸、美观的图片与文字显示等。用户感官体验是网页产品呈现给用户视觉和听觉的体验，感官体验最重要的是带给用户舒适感，以促使用户继续浏览网页页面，而影响用户感官体验的最主要因素即网页界面设计风格。

一个网站拥有自己独立的正面风格，就会让浏览者愿意多停留些时间，仔细欣赏网站的内容，甚至会得到更多的分享与鼓励。网站的设计风格必须要符合网站主题与目标客户的审美习惯，并具有一定的引导性。在对网站进行设计之前，必须明确该网站所针对的目标客户群体和网站创建主旨与意义，并针对目标客户群体的审美喜好进行分析，从而确定网站的总体设计风格。目前，比较流行的网站常见风格如下：

（1）视觉清晰设计风格。网页界面中清晰的视觉指引和整齐有序的外观都能够给人良好的用户体验。比如图 1-4 的网页效果，使用不同色系不同明度的色调将整个页面划分为多个不同的内容区域，在每部分的内容区域中，又综合运用图文结合和色彩对比的手法，使得页面结构层次非常清晰。

（2）视觉极简设计风格。网页界面的极简设计非常直观、大方，给人以精致、典雅的感受，并且能有效突出网页产品的表现，达到良好的视觉效果。比如图 1-5 的网页效果，通过文字的排版方式及局部背景图像的运用，展示现代感的传统文化特色。

图 1-4　视觉清晰设计风格

图 1-5　视觉极简设计风格

（3）照片与插画设计风格。照片设计风格一般用于科技产品类、服饰类等品牌网站，在页面中使用满屏的大尺寸产品照片作为页面的整体背景，页面局部排列少量的简洁菜单文字，制作精美的同时最小化网页信息量，使页面更好地凸显产品信息。比如图 1-6 的网页效果，使用了产品照片作为满屏背景，使浏览者仿佛身临其境且信息内容清晰易读。需要注意的是，使用照片设计风格时，如果背景图片很复杂，那么前景就需要设计得朴素一些，这样是为了避免页面过于凌乱，更好地展示网页信息。插画设计风格经常用于设计类、服饰类等网页页面。运用插画来表达网站主题，同时加上插画图标的点缀，可以使网页设计风格清新有趣，增强网站的独特性。比如图 1-7 的网页效果，网页中融入时尚的插画元素，不但体现出年轻和可爱，并且每个页面中安排的文字内容较少，使浏览者仿佛在看一幅幅连环画，能给浏览者留下深刻而美好的印象。

图 1-6　照片设计风格

图 1-7　插画设计风格

（4）3D 设计风格。三维设计风格多用于游戏类、产品类等网站，在部分网页界面中采用少量 3D 设计效果，使内容与背景形成空间对比，给人较强的视觉冲击力。比如图 1-8 的网页效果，通过与页面背景颜色相对比的色块来突出重点信息和图片，在页面中为多个重要元素使用了强烈的阴影效果，页面中的大字号主题文字、色块及图片，有效地表现出页面的空间感，仿佛内容跃然于背景之上。

（5）扁平化设计风格。扁平化设计风格一般用于商业类、图片类网站，作为一种新的设计思维，去掉多余的透视、纹理等网页上冗余、繁杂的装饰效果，让网页变得更简单，凸显网页核心信息，强调设计元素的抽象、极简和符号化。比如图 1-9 的网页效果，页面中各部分内容的划分非常清晰、直观，没有过多的修饰，表现内容的方式更加直接。

图 1-8　3D 设计风格　　　　　　　　　　图 1-9　扁平化设计风格

　　网页界面设计风格很多且经常会融合使用，无论用户采用何种风格进行设计，都要与网站主题相符，这样才能快速且有效地传达内容给浏览者，从而达到网站宣传和展示的作用。

2. 网页界面设计的基本尺寸

　　网页界面尺寸设计的难点在于每个浏览者的使用环境不尽相同，使得网页浏览效果存在较大差异，从而直接影响到网页的用户体验。一般对网页界面设计尺寸产生影响的因素主要为操作系统、显示分辨率和浏览器的有效显示区域。

　　（1）操作系统。在操作系统的底部都会显示系统任务栏，该部分会占据一定的屏幕空间，一般 Windows XP 系统中默认的任务栏高度为 30 px，Windows 7、Windows 8 与 Windows 10 操作系统中默认的任务栏高度均为 40 px。

　　（2）显示分辨率。计算机显示分辨率是确定计算机屏幕上显示多少信息的设置，以水平和垂直像素来衡量，比如分辨率 1 024×768，就是横向显示有 1 024 个像素，竖向有 768 个像素。相同尺寸的计算机屏幕，分辨率越高，画面显示效果就越精细和细腻。当下比较常用的计算机显示分辨率有 1 366×768、1 920×1 080、1 440×900 等，常见长宽比为 16：9、16：10、4：3 等。图 1-10 和图 1-11 为同一网页界面在 1 366×768 和 1 024×768 两个不同显示分辨率下的网页显示效果，图 1-10 浏览器显示区域内网页界面显示完整且两侧留有一定空白，图 1-11 浏览器显示区域内网页界面显示不够完整且水平方向出现滚动条。

图 1-10　1 366×768 分辨率下网页效果　　　　图 1-11　1 024×768 分辨率下网页效果

　　（3）浏览器的有效显示区域。浏览器的有效显示区域是指去除在浏览器窗口中占有一定尺寸的菜单栏、滚动条等，真正显示网页内容的区域。每个浏览器都有自己不同的有效显示区域，所以，在设计网页界面尺寸的时候要预先考虑。

根据以上对操作系统、显示分辨率和浏览器的分析,一般 PC 端网页界面视觉设计稿最常见尺寸为 1 366 像素 ×768 像素,大网页设计稿尺寸为 1 920 像素 ×1 080 像素,较小网页设计稿尺寸为 1 024 像素 ×768 像素。另外,还有 1 440 像素 ×900 像素、1 280 像素 ×800 像素等多种设计稿尺寸。

网页安全宽度一般指浏览网页时对用户传递有效信息的区域宽度,也就是主要视觉范围。通常为了在不同分辨率的显示器中显示内容的效果一致,网页界面进行布局设计时可以将主要内容安排居中显示,左右两边留出一定的空白,这样无论宽屏还是其他形式,内容都能以最佳的视觉效果呈现给用户。网页内容常用安全区域宽度一般为 1 000~1 200 像素,高度不限但一般不超过 3 屏显示高度,分辨率 72 像素 / 英寸。由于现在越来越多的宽屏正在占据市场,可以做自适应的调整,现在越来越多网页界面设计的宽度都不是固定不变的,这是一个流行的趋势。

3. 网页布局

当用户打开一个网站时,首先看到的就是网站的页面布局,好的网页布局方便用户在第一时间找到他们想要的内容。网页布局有很多种方式,一般分为头部区域、菜单导航区域、内容区域、底部区域几个部分,如图 1-12 所示。

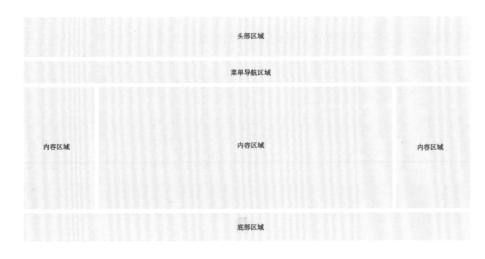

图 1-12　网页布局包含区域

在进行 PC 端网页界面设计时,常见布局如下:

(1)"国"字型布局。它是一些大型网站喜欢使用的布局类型。最上面是网站的标题及横幅广告条,接下来是网站的主要内容,左右分别列一些小条内容,中间是主要内容部分,与左右一起罗列到底,最下方是网站的一些基本信息、联系方式、版权声明等,如图 1-13 所示。这种布局通常用于主页的设计,优点是页面容纳内容多,信息量大。

(2)拐角型布局。与"国"字型布局相似,上面是标题及广告横幅,接下来的左侧是一窄列链接等,右列是很宽的正文,下面也是一些网站的辅助信息,如图 1-14 所示。

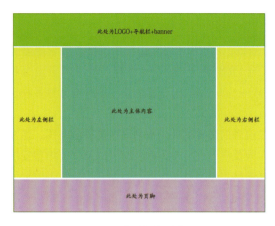

图 1-13 "国"字型布局   图 1-14 拐角型布局

（3）标题正文型布局。标题正文型布局结构一般用于显示文章页面、新闻页面和一些注册页面等，最上方是标题或广告等内容，下面是正文，如图 1-15 所示。

（4）对称对比布局。对称对比布局是指采取左右或上下对称、对比的布局，布局的特点是结构清晰。左右框架布局如图 1-16 所示左右各有两页，导航链接位于左侧，有时标题位于顶部，主要内容位于右侧，上部和下部框架类型与左侧和右侧框架类型类似，只是它们是上部和下部页面的结构。这种布局最常用于论坛网站和企业网站的许多内部页面。

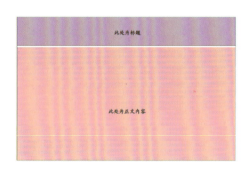

图 1-15 标题正文型布局   图 1-16 左右框架型布局

（5）卡片式布局。卡片式布局可以在页面上放置大量内容，同时又保持每部分内容各不相同，如图 1-17 所示。卡片式布局主要有两种形式：一是网页中每个卡片的尺寸相同，卡片的排列非常标准；二是使用不同尺寸的卡片组成页面的布局，卡片间没有固定的排序。

（6）POP 布局。POP 源自广告术语，指页面布局像一张宣传海报，以一张精美图片作为页面的设计中心，如图 1-18 所示。POP 布局常用于时尚类网站，优点是漂亮、吸引人，缺点是速度慢。

图 1-17 卡片式布局   图 1-18 POP 布局

4．字体设计规范

文字在浏览器上的渲染与系统和浏览器有关，网页的显示区域决定了文字不可以过大。在网站设计中，文字大小一般为 12 ~ 32 像素，而且奇数的文字表现和适配都不好做，必须使用偶数的字号来设计。

字体一般使用系统默认字体，中文常用宋体、微软雅黑等，英文常用 Helvetica、Arial 等。正文字号常用 12 px、14 px 等，标题字号常用 18 px、20 px、24 px 等，导航文字字号常用 14 px、16 px、18 px、20 px 等，行距常用 1.5 倍行距。

5．颜色使用规范

在网页设计当中，除黑白灰外，一般页面使用颜色要控制在三种颜色之内。主色调在网页中色彩占比最大，其次是辅助色。网页常用流行色：蓝色与白色搭配是沉静整洁的颜色，绿色与白色搭配是雅致而有生机的颜色，橙色与白色搭配是活泼热烈的颜色，暗红与黑或灰搭配是严肃、高贵的颜色。

6．图片使用规范

网站设计中的图片常用 4∶3、16∶9、1∶1 等宽高比例。具体图片大小没有固定要求，但考虑到一些适配的问题，图片尺寸以整数和偶数为佳，作为内容出现的图片一定要有介绍信息和排序信息等。图片的格式有很多，比如支持多级透明的 png 格式、图片文件很小的 jpg 格式、动画的 gif 格式等。在保证图像清晰度的情况下文件大小越小越好，使图片文件变小的主要方法如下：

（1）切图的时候可以适当缩小图片文件的大小，如 Photoshop 中存储为 web 所用格式就会比快速存储文件更小。

（2）可以尝试使用例如 Tinypng、智图等工具再次压缩图片，这些工具会把图片中的多余信息删除并且压缩，而图像质量不受损失。

（3）使用 webp 格式，它的图片压缩体积大约只有 jpeg 格式的 2/3，能节省大量的服务器宽带资源。比如 Facebook、Eba 和设计师常用的站酷等的图片存储都是使用了 webp 图片格式。

（4）通过把网页中所使用的图片拼成一个 png 大图来解决因网站图片文件较多时所导致消耗服务器资源和访问速度变慢的问题。具体操作方法是每个调用图片的元素都调用这张 png 大图，然后分别位移一定距离。

banner 图片一般尽量满屏，但是图片一般按照 4∶3 或 16∶9 等比例来设计。

7．按钮

按钮的风格在过去的十几年发生了很大的变化，由一开始的斜面与浮雕风格过渡到后面的拟物风格，现在更流行的是扁平风格。如果按钮在一张图片中，为了不影响图片的美观性，会去掉填充只保留边框。需要注意的是在设计按钮时记得同时设计好按钮的鼠标悬停、按下状态等。

8．表单

在网站设计中我们经常需要使用一些输入框、下拉菜单、单选框、复选框、编辑器等。作为系统级的控件一般可以直接调用，但有时会有因系统内置的表单高度不够而点击起来不舒服、不符合网站整体设计风格等问题，一般可以通过 CSS 给这些表单增加样式，包括颜色、大小、内外边距等进行自定义表单设计。

1.2　项目实战——文化旅游网主页界面设计

结合 PC 端网页界面设计相关理论知识，本节将完成文化旅游网主页界面设计实际项目案例。通过完成主页界面的设计与制作过程，加深对 PC 端网页界面设计与制作方法的理解与掌握。

1.2.1　头部和页脚模块界面设计

微课：头部和页脚模块界面设计

（1）打开 Photoshop 软件，新建 Web 文档，宽度为 1060 px，高度为 2148 px，分辨率为 72 ppi。

（2）用参考线先将画布进行分割，页面头部高 60 px，页面导航高 60 px，页面导航与页面 banner 垂直方向有 10 px 间距，页面 banner 高 400 px，页面主体高 1618 px，与上下其他部分留有 10 px 间距，主体内分成 6 个部分，每两个部分有 10 px 间距，页面页脚高 60 px，整个页面使用微软雅黑字体，填充页面主体背景色 #f5f5f5（为了对比明显，操作时可增加一个填充其他颜色的图层暂时作为背景层使用）。

（3）制作头部模块。创建"头部模块"图层组，置入预先准备好的 Logo 图片素材，调整宽高大小为 60 px，垂直居中；使用文本工具输入标题文本，文字大小为 28 px，颜色为 #0b71c5，加粗显示，垂直居中；使用"圆角矩形"工具绘制搜索框，宽度为 314 px，高度为 32 px，设置圆角半径为 10 px，垂直居中；为圆角矩形添加外发光效果，设置不透明度为 70%，扩展为 10%，大小为 10 px；置入搜索图片素材，调整宽高大小为 26 px；输入搜索框提示文本，文字大小为 14 px，颜色为 #666666，效果如图 1-19 所示。

多彩吉林文化旅游网　　　　　　　　　　　　　　　　请输入搜索内容

图 1-19　头部模块设计效果

（4）制作页脚模块。创建"页脚模块"图层组，分别输入两行文本内容，文字大小为 14 px，颜色为黑色，文本整体垂直居中；使用"直线"工具绘制一条水平直线，效果如图 1-20 所示。

网站首页 ｜ 网站简介 ｜ 联系方式 ｜ 广告合作

版权所有©多彩吉林文化旅游网未经许可严禁复制　ICP：20220405号-1

图 1-20　页脚模块设计效果

【拓展实践】

方案 1：以长白山、天池、冰雪运动等为主题进行"多彩吉林"文化旅游网 Logo 设计。

方案 2：以自己家乡所在省份的文化旅游网为主题进行网站 Logo 设计。

目标与要求：

1. 了解家乡相关旅游和文化信息，特别是家乡独具特色的自然景观、人文底蕴等代表性内容，将"绿水青山家乡美"主题创意融入文化旅游网 Logo 设计。

2. 熟悉 Logo 设计应遵循的基本流程与规范，设计要以人为本，服务于生活，在设计中体会简约、抽象、细节、统一等艺术美感，多欣赏学习优秀 Logo 的设计手法与技巧，善于观察，创新思维，严谨设计。

1.2.2　导航和 banner 模块界面设计

（1）制作导航模块。创建"导航模块"图层组，使用"矩形"工具绘制导航栏背景，宽度为 1060 px，高度为 60 px，填充颜色为 #11a9e7；分别输入"首页"和其他导航列表项文本内容，文字大小为 20 px，颜色为 #ffffff，调整文本位置并对齐；使用"矩形"工具单独绘制"首页"列表项背景，宽度为 118 px，填充颜色为 #ffa500，效果如图 1-21 所示。

| 首页 | 吉旅资讯 | 美景攻略 | 文化吉林 | 魅力乡村 | 特色美食 | 优选特产 | 艺体动态 | 主题推荐 |

图 1-21　导航模块设计效果

（2）制作 banner 模块。创建"banner 模块"图层组，置入 banner 图片素材，调整图片宽高大小为 640 px 和 400 px，水平居中对齐。

（3）制作 banner 模块左侧"吉旅资讯"部分。在 banner 图片左侧，使用"矩形"工具绘制左侧文本背景，填充颜色为白色，宽高大小为 200 px 和 400 px，对齐到内容区域左侧参考线位置；标题行占高 46 px，输入"吉旅资讯"，文字大小为 18 px，颜色为 #961515，使用"直线"工具绘制长分隔直线，宽度为 200 px，高度为 1 px，颜色为 #dddddd，继续绘制大标题下方短直线，宽度为 80 px，高度为 2 px，颜色为 #961515；输入其余文本内容，文字大小为 14 px，小标题颜色为 #961515，调整文本内容位置并对齐，效果如图 1-22 所示。

图 1-22　banner 模块左侧"吉旅资讯"部分效果

（4）制作 banner 模块右侧"主题推荐"部分。完整复制左侧"吉旅资讯"部分内容，移动对齐到内容区域右侧参考线位置，修改"主题推荐"部分文字内容，效果如图 1-23 所示。

吉旅资讯

人间仙"镜"长白天池

去长白山旅游，一年中分为三个时段，不同时间去可看的风景大不相同……

全域冰雪旅游

顶级消雪胜地，玉树琼花雾凇岛，近距离体验北方最后的渔猎部落风情查干湖冬捕，冰雪度假来吉林，

清凉胜境，诗画松江…

湖光山色品味游湖登山的闲适，美丽乡村体会生态采摘的乐趣，白山黑水，沃野千里

主题推荐

鹤舞向海 魅力乡村…

走进吉林白城向海村，探索原生态的自然之美……

真情梅河口 旅游示范区…

疫情见真情，"梅"好城市，"河"你浪漫相约…

红色印记 雪韵松乡…

二合雪乡、吉林市劳工纪念馆、红叶谷凤翔将军雕像…

鸡鸣三国 魅力边城…

防川土字牌、防川民俗村、大荒沟抗日根据地遗址…

图 1-23　banner 模块右侧"主题推荐"部分效果

拓展实践

　　方案 1：查阅吉林省乡村振兴相关资料，找出具有"生态宜居"和"生态振兴"特色的乡村旅游主题推荐，并独立撰写简要宣传推广文案，字数在 200 字以内。

　　方案 2：查阅东北抗联文献资料，找出传承抗联精神的红色旅游路线主题推荐，合作进行红色文化微故事、微视频等短作品制作并将其作为网站子页的素材。

　　目标与要求：

　　1. 了解乡村振兴战略，以实际行动助力乡村振兴；

　　2. 了解并传承红色文化，感受革命先烈的家国情怀和理想信念；

　　3. 文字内容要精简、切题，语言要流畅、生动，总结提炼，规范制作过程。

1.2.3　主体模块界面设计

微课：主体模块界面设计（一）

　　（1）制作主体模块中"美景攻略"部分。创建"美景攻略"图层组，设置参考线，总占位高度为 296 px，与上面 banner 模块垂直间距为 10 px，大标题"美景攻略"占位高度为 48 px，中间图片行高度为 180 px，底部文字行高度为 68 px；使用"矩形"工具绘制"美景攻略"背景，填充颜色为白色；置入所有"美景攻略"图片素材，调整图片宽高大小为 250 px 和 180 px，为图片设置 5 px 的圆角效果，调整图片位置并对齐；输入大标题"美景攻略"，文字大小为 18 px，颜色为 #961515，靠左对齐；输入"更多 >>"，文字大小为 14 px，颜色为黑色，靠右对齐，效果如图 1-24 所示。

美景攻略　　　　　　　　　　　　　　　　　　　　　　　　　　　　　　　更多>>

图 1-24　主体模块"美景攻略"部分图片和标题设计效果

　　（2）继续制作主体模块中"美景攻略"部分。输入小标题"伪满皇宫"，文字大小为 14 px，颜色为 #961515，输入介绍内容，文字大小为 14 px，颜色为黑色，设置文本与图片水平居中对齐，

复制图片下方文本并移动到指定位置做好对齐，效果如图 1-25 所示。

美景攻略　　　　　　　　　　　　　　　　　　　　　　　　　　　　更多>>

伪满皇宫
伪满洲国傀儡皇帝的宫廷旧址上建立起来的一座宫廷遗址型博物馆……

敦化六鼎山文化旅游区
悠久闻名的佛教文化、沧桑神奇的渤海文化、源远流长的清始祖文化……

拉法山国家森林公园
以生态、森林、红叶为特色的森林公园，山呈三面锥体，以洞奇闻名于世……

三角龙湾国家森林公园
火山喷发而形成的高山湖泊，湾水碧蓝如玉，形态景致各异……

图 1-25　主体模块"美景攻略"部分整体效果

（3）制作主体模块中"魅力乡村"部分。创建"魅力乡村"图层组，设置参考线，总占位高度为 224 px，与"美景攻略"部分的垂直间距为 10 px，大标题"魅力乡村"占位高度为 34 px，中间图片行高度为 140 px，底部文本行高度为 50 px；使用"矩形"工具绘制"魅力乡村"背景，填充颜色为白色；复制"美景攻略"和"更多"文本并移动到指定位置，修改文本内容；置入所有魅力乡村图片素材并做好对齐，调整宽高大小为 196 px 和 140 px，为图片设置 5 px 的圆角效果；输入图片下方文本，文字大小为 14 px，颜色为黑色，效果如图 1-26 所示。

微课：主体模块界面设计（二）

魅力乡村　　　　　　　　　　　　　　　　　　　　　　　　　　　　更多>>

白城市通榆县向海蒙古族乡向海村　　通化市东昌区金厂镇夹皮沟村　　长春市双阳区太平镇小石村　　延边州龙井市智新镇明东村　　吉林市桦甸市桦郊乡晓光村

图 1-26　主体模块"魅力乡村"部分整体效果

（4）制作主体模块"文化吉林"部分。复制"美景攻略"图层组所有内容，并更名为"文化吉林"，设置参考线，总占位高度为 296 px，与上下其他部分之间垂直间距为 10 px，修改图层组中所有图文内容，效果如图 1-27 所示。

微课：主体模块界面设计（三）

文化吉林　　　　　　　　　　　　　　　　　　　　　　　　　　　　更多>>

高句丽王城、王陵及贵族墓葬
它是世界物质文化遗产，位于吉林省通化市集安市，包括国内城……

朝鲜族花甲礼
国家非遗，隆重为老人过花甲，感谢父母养育之恩，祝愿老人健康长寿……

满族新城戏
国家非遗，曲调优美动听，以满族曲艺八角鼓为基础逐渐发展而成……

查干湖鱼皮画
看似普通的鱼皮，经过精巧的设计、精准的刀工、细腻的针法，竟然变成了……

图 1-27　主体模块"文化吉林"部分整体效果

（5）制作主体模块"特色美食"部分。复制"魅力乡村"图层组所有内容，并更名为"特色美食"，设置参考线，总占位高度为 224 px，与上下其他部分之间垂直间距为 10 px，修改图层组中所

微课：主体模块界面设计（四）

有图文内容，效果如图 1-28 所示。

图 1-28　主体模块"特色美食"部分整体效果

微课：主体模块界面
设计（五）

（6）制作主体模块"优选特产"部分。复制"魅力乡村"图层组所有内容，并更名为"优选特产"，设置参考线，总占位高度为 224 px，与上下其他部分之间垂直间距为 10 px，修改图层组中所有图文内容，效果如图 1-29 所示。

图 1-29　主体模块"优选特产"部分整体效果

微课：主体模块界面
设计（六）

（7）制作主体模块"艺体动态"部分。复制"魅力乡村"图层组所有内容，并更名为"艺体动态"，设置参考线，总占位高度为 224 px，与上下其他部分之间垂直间距为 10 px，修改图层组中所有图文内容，效果如图 1-30 所示。至此，完成文化旅游网主页界面设计。

图 1-30　主体模块"艺体动态"部分整体效果

拓展实践

　　方案：以小组讨论并合作的形式对网站的主体内容进行修改替换，包括图片、文字、布局、样式等。
　　目标与要求：
　　1. 进一步了解网站主题相关的特色文化与旅游信息，搜集替换素材。
　　2. 展示界面设计作品，有效交流并提高团队工作效率。

1.3　项目实战——文化旅游网主页头部模块布局实现

1.3.1　头部模块效果分析

1. 结构分析

（1）页面头部模块由 Logo 图片、标题内容和搜索框组成。

（2）将页面头部模块设成一个 <div>，里面嵌套一个 <div> 用来写 Logo 图片和标题内容，其中 Logo 图片通过 <img> 标记来定义，标题内容通过 <h1> 标记定义。

（3）搜索框通过 <input> 标记定义。

具体结构如图 1-31 所示。

图 1-31　头部模块结构分析

2. 样式分析

（1）整个页面头部模块设置定宽，水平居中显示。

（2）Logo 图片和标题内容水平靠左，垂直居中显示，标题字体设置微软雅黑，字体加粗显示，颜色为 #0b71c5。

（3）搜索框水平靠右，垂直居中显示，设置圆角、边框透明、阴影和背景图片，提示文本水平靠左垂直居中。

1.3.2　头部模块页面制作

1. 搭建结构

新建文化旅游网站点文件夹，命名为"文化旅游网"，内部包含 images 文件夹用来存放素材图片，css 文件夹用来存放样式表文件 index.css，主页文件 index.html。

打开 index.html 文件，书写 html 基本结构和页面头部模块的代码，具体如下：

微课：头部模块页面
制作

```
1.  <!DOCTYPE html>
2.  <html><head>
3.  <meta charset="UTF-8">
4.  <meta name="keywords" content=" 吉林文化旅游网，文化旅游，旅游，吉林 "/>
5.  <title> 多彩吉林文化旅游网 </title>
6.  <link rel="icon" type="text/css" href="images/logo.png">
7.  <link rel="stylesheet" type="text/css" href="css/index.css">
8.  </head><body>
9.  <!-- 页面头部模块 -->
10. <div class="header">
11.     <div class="logo">
12.     <img src="images/logo.png" >
13.     <h1> 多彩吉林文化旅游网 </h1></div>
```

14.　　　　<input type="text" name="ss" placeholder=" 请输入搜索内容 ... "></div>
15.　　<!-- 页面头部模块 -->
16.　　</body></html>

2. 控制样式

打开样式表文件 index.css 书写 CSS 样式代码，用于控制页面头部模块的显示样式，具体如下：

1.　　/* 初始化 */
2.　　html，body{
3.　　　　font-family: " 微软雅黑 ";
4.　　　　font-size: 14px;
5.　　　　background:#f5f5f5; }
6.　　*{ padding: 0;
7.　　　　margin: 0;}
8.　　a{text-decoration: none;
9.　　　　color:black;}
10.　li{ list-style: none;}
11.　/* 页面头部模块 */
12.　.header{
13.　　　width: 1060px;
14.　　　height:60px;
15.　　　margin: 0 auto;
16.　　　background:#f5f5f5;
17.　　　overflow: hidden; }
18.　.header .logo img{
19.　　　margin-top: 6px;
20.　　　float: left;}
21.　.header .logo h1{
22.　　　float: left;
23.　　　padding-left:10px;
24.　　　height: 60px;
25.　　　line-height: 60px;
26.　　　font-weight: 600;
27.　　　color: #0b71c5; }
28.　.header input{
29.　　　float: right;
30.　　　height: 32px;
31.　　　width: 314px;
32.　　　margin-right: 60px;
33.　　　margin-top: 14px;
34.　　　padding-left: 16px;
35.　　　border: transparent;
36.　　　border-radius: 10px;
37.　　　box-shadow: 0px 0px 10px 5px #e2e2e2;
38.　　　background: url('../images/search.png') no-repeat 296px center;}
39.　/* 页面头部模块 */

保存 index.html 与 index.css 文件，刷新页面，效果如图 1-32 所示。

图 1-32　头部模块效果

知识总结与拓展

1. input 输入文本框的 value 属性和 placeholder 属性的区别：value 属性用来设置 input 元素的提示内容，当文本框获得焦点时，提示文字不消失；placeholder 属性设置的提示内容作为灰字提示显示在文本框中，当文本框获得焦点时，提示文字消失。

2. 设置 height 属性值和 line-height 属性值相等，可以使文本垂直居中对齐。

3. 如果子元素设置 float 浮动，要为父元素设置 overflow:hidden; 解决溢出问题。

1.4　项目实战——文化旅游网主页导航模块布局实现

1.4.1　导航模块效果分析

1. 结构分析

（1）页面导航模块由首页、吉旅资讯、美景攻略、文化吉林、魅力乡村、特色美食、优选特产、艺体动态、主题推荐共 9 个列表项目组成。

（2）将页面导航模块设成一个 <div>，里面嵌套一个 <ul>，其中每个列表项通过 <li>、<a> 标记定义。

具体结构如图 1-33 所示。

图 1-33　导航模块结构分析

2. 样式分析

（1）页面导航模块设置自适应宽度，整个列表设置定宽，水平居中显示，背景颜色为 #11a9e7。

（2）每个列表文本内容水平和垂直方向居中显示，文字颜色为白色，"首页"列表项背景颜色为 #ffa500。

1.4.2　导航模块页面制作

1. 搭建结构

打开 index.html 文件，书写页面导航模块的代码，具体如下：

```
1.   <!-- 页面导航模块 -->
2.   <div class="nav">
3.   <ul>
4.       <li><a  class="home" href="#"> 首页 </a></li>
5.       <li><a href="#"> 吉旅资讯 </a></li>
6.       <li><a href="#"> 美景攻略 </a></li>
7.       <li><a href="#"> 文化吉林 </a></li>
```

微课：导航模块页面制作

```
8.        <li><a href="#"> 魅力乡村 </a></li>
9.        <li><a href="#"> 特色美食 </a></li>
10.       <li><a href="#"> 优选特产 </a></li>
11.       <li><a href="#"> 艺体动态 </a></li>
12.       <li><a href="#"> 主题推荐 </a></li>
13.    </ul></div>
14.    <!-- 页面导航模块 -->
```

2. 控制样式

打开样式表文件 index.css 书写 CSS 样式代码，用于控制页面导航模块显示样式，具体如下：

```
1.     /* 页面导航模块 */
2.     .nav{
3.          width:100%;
4.          margin: 0 auto;
5.          background:#11a9e7;
6.          overflow:hidden;
7.          text-align: center;
8.          height:60px;}
9.     .nav ul{
10.         width: 1060px;
11.         display: inline-block;}
12.     .nav  li{
13.     float:left;}
14.    .nav li a{
15.    display:block;
16.         color:white;
17.         width:116px;
18.         line-height: 60px;
19.         text-decoration:none;
20.         text-align:center;
21.         font-size: 20px;}
22.    .nav .home{
23.         width:118px;
24.         background: #ffa500;}
25.    .nav li a:hover{
26.         color: #961515;}
27.    /* 页面导航模块 */
```

保存 index.html 与 index.css 文件，刷新页面，效果如图 1-34 所示。

图 1-34　导航模块效果

知识总结与拓展

1. display:block; 将元素显示为块级元素，可以设置宽高等属性；display:inline-block; 就是将元素显示为行内块元素，既可以设置宽高等属性，又可以在同一行显示。

2. width：100%; 表示子元素的宽度和父元素的宽度相等，其中并不包括子元素内外边距及边框的值，为子元素真正的宽度；width：auto; 表示子元素的宽度＋内边距＋外边距＋边框才等于父元素的宽度。

1.5 项目实战——文化旅游网主页 banner 模块布局实现

1.5.1 banner 模块效果分析

1. 结构分析

（1）页面 banner 模块由左侧吉旅资讯列表、中间 banner 图片、右侧主题推荐列表组成。

（2）将页面 banner 模块设成一个 <div>，里面嵌套 3 个并列的 <div> 用来写左、中、右三部分内容，其中左右部分列表文本通过 <ul>、<li>、<a>、<h3> 标记来定义，中间图片通过 <img> 标记来定义。

具体结构如图 1-35 所示。

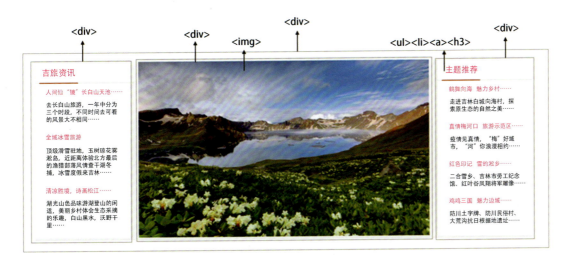

图 1-35   banner 模块结构分析

2. 样式分析

（1）页面 banner 模块设置定宽，水平居中显示，图片与左右两侧列表设置间距。

（2）左右两侧列表内容水平居中显示，标题文本设置颜色为 #961515，大标题设置下边框，与左侧边缘有间距，其余文本为黑色。

1.5.2　banner 模块页面制作

1. 搭建结构

打开 index.html 文件，书写页面 banner 模块的代码，具体如下：

```
1.    <!-- 页面 banner 模块 -->
2.    <div class="banner">
3.        <div class="banner-l">
4.            <div class="title"> <h3 class="redline"> 吉旅资讯 </h3></div>
5.            <ul><li><a href="#"><h3 > 人间仙 "镜" 长白天池 </h3><p> 去长白山旅游，一年中分为三个时段，不同
              时间去可看的风景大不相同 ...</p></a></li>
6.            <li><a href="#"><h3 > 全域冰雪旅游 </h3><p> 顶级滑雪胜地，玉树琼花雾凇岛，近距离体验北方最后的
              渔猎部落风情查干湖冬捕，冰雪度假来吉林 ...</p></a></li>
7.            <li><a href="#"><h3 > 清凉胜境，诗画松江 ...</h3><p> 湖光山色品味游湖登山的闲适，美丽乡村体会生
              态采摘的乐趣，白山黑水，沃野千里 ...</p></a></li>
8.            </ul> </div>
9.        <div class="banner-m"><img src="images/banner.jpg"></div>
10.       <div class="banner-r">
11.           <div class="title"> <h3 class="redline"> 主题推荐 </h3></div>
12.           <ul><li><a href="#"><h3> 鹤舞向海   魅力乡村 ...</h3><p> 走进吉林白城向海村，探索原生态的自
              然之美 ...</p></a></li>
13.           <li><a href="#"><h3 > 真情梅河口   旅游示范区 ...</h3><p> 疫情见真情，"梅" 好城市，"河" 你浪
              漫相约 ...</p></a></li>
14.           <li><a href="#"><h3 > 红色印记   雪韵凇乡 ...</h3><p> 二合雪乡、吉林市劳工纪念馆、红叶谷凤翔
              将军雕像 ...</p></a></li>
15.           <li><a href="#"><h3 > 鸡鸣三国   魅力边城 ...</h3><p> 防川土字牌、防川民俗村、大荒沟抗日根据
              地遗址 ...</p></a></li>
16.           </ul> </div></div>
17.   <!-- 页面 banner 模块 -->
```

2. 控制样式

打开样式表文件 index.css 书写 CSS 样式代码，用于控制页面 banner 模块的显示样式，具体如下：

```
1.    /* 页面 banner 模块 */
2.    .banner{
3.        width: 1060px;
4.        margin: 0 auto;
5.        margin-top:10px;
6.        overflow:hidden;}
7.    .banner ul{
8.        width: 168px;
9.        margin: 0 auto;}
10.   .banner ul li{
11.       padding:10px 0 ;}
12.   .banner li a h3{
13.       font-size: 14px;
14.       padding-bottom: 10px;
15.       color  :#961515;}
16.   .banner-l, .banner-r{
17.       background-color: #ffffff;
18.       height: 400px;
19.       width: 200px;
20.       float: left;}
21.   .banner-m{
22.       width: 640px;
23.       height: 400px;
```

```
24.        margin: 0 10px;
25.        float: left;}
26.  .title{
27.        width: 200px;
28.        height: 46px;
29.        line–height: 46px;
30.        border–bottom: 1px solid #dddddd;}
31.  .title .redline{
32.        width: 90px;
33.        height: 46px;
34.        text–align: center;
35.        padding–left:20px;
36.        color:#961515;
37.        border–bottom:2px solid #961515;}
38.  /* 页面 banner 模块 */
```

保存 index.html 与 index.css 文件，刷新页面，效果如图 1-36 所示。

图 1-36　banner 模块效果

知识总结与拓展

1. margin:0 auto; 当一个元素样式属性里有 margin:0 auto; 时，并且父元素的宽度是确定的，可以使指定元素在其父元素中水平方向居中，垂直方向与其他对象的上下外边距值为 0。

2. box–shadow 是向框添加一个或多个阴影的属性，可设置阴影的水平距离、垂直距离、模糊距离、阴影大小、阴影颜色、内侧或外侧模式。

3. 使用 <video> 插入短视频替换 banner 模块中间图片，为视频设置封面图片。

1.6　项目实战——文化旅游网主页主体模块布局实现

1.6.1　主体模块效果分析

1. 结构分析

（1）页面主体模块由美景攻略、文化吉林、魅力乡村、特色美食、优选特产、艺体动态 6 个部分组成。

（2）将页面主体模块设成一个 <div>，里面嵌套 6 个并列的 <div> 用来写网页主体内容，其中每个部分内容通过 <ul>、<li>、<a>、<img>、<h3>、<p> 标记来定义，大标题和"更多 >>"分别通过 <span> 和 <a> 标记来定义。

具体结构如图 1-37 所示。

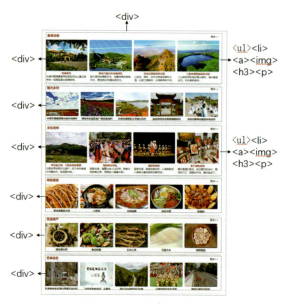

图 1-37　主体模块结构分析

2. 样式分析

（1）页面主体模块设置定宽，水平居中显示，每个部分列表内容垂直显示并设置间距。

（2）每个部分内容设置盒阴影属性，背景颜色为 #ffffff，大标题文本设置颜色为 #961515，图片设置圆角，部分文本居中对齐。

1.6.2　主体模块页面制作

1. 搭建结构

打开 index.html 文件，书写页面主体模块的代码，具体如下：

```
1.    <!-- 页面主体模块 -->
2.    <div class="main">
3.    <!-- 美景攻略 -->
```

微课：主体模块页面
制作（一）

微课：主体模块页面
制作（二）

微课：主体模块页面
制作（三）

4.　<div class="content">

5.　<div class="whjl"><span> 美景攻略 </span> <a href="#"> 更多 >></a></div>

6.　<ul><li> <a href="#"><img src="images/ 美景攻略 1.jpg" /><h3> 伪满皇宫 </h3>

7.　<p> 伪满洲国傀儡皇帝的宫廷旧址上建立起来的一座宫廷遗址型博物馆 ...</p></a></li>

8.　<li> <a href="#"><img src="images/ 美景攻略 2.jpg" /><h3> 敦化六鼎山文化旅游区 </h3>

9.　<p> 悠久闻名的佛教文化、沧桑神奇的渤海文化、源远流长的清始祖文化 ...</p></a> </li>

10.　<li> <a href="#"><img src="images/ 美景攻略 3.jpg" /><h3> 拉法山国家森林公园 </h3>

11.　<p> 以生态、森林、红叶为特色的森林公园，山呈三面锥体，以洞奇闻名于世 ...</p></a></li>

12.　<li> <a href="#"><img src="images/ 美景攻略 4.jpg" /><h3> 三角龙湾国家森林公园 </h3>

13.　<p> 火山喷发而形成的高山湖泊，湾水碧蓝如玉，形态景致各异 ...</p></a></li>

14.　</ul></div>

15.　<!-- 美景攻略 -->

16.　<!-- 魅力乡村 -->

17.　<div class="content1">

18.　<div class="tsms"><span> 魅力乡村 </span> <a href="#"> 更多 >></a></div>

19.　<ul><li> <a href="#"><img src="images/ 魅力乡村 1.jpg" />

20.　<h3> 白城市通榆县向海蒙古族乡向海村 </h3></a></li>

21.　<li> <a href="#"><img src="images/ 魅力乡村 2.jpg" />

22.　<h3> 通化市东昌区金厂镇夹皮沟村 </h3></a> </li>

23.　<li> <a href="#"><img src="images/ 魅力乡村 3.jpg" />

24.　<h3> 长春市双阳区太平镇小石村 </h3></a></li>

25.　<li> <a href="#"><img src="images/ 魅力乡村 4.jpg" />

26.　<h3> 延边州龙井市智新镇明东村 </h3></a></li>

27.　<li> <a href="#"><img src="images/ 魅力乡村 5.jpg" />

28.　<h3> 吉林市桦甸市桦郊乡晓光村 </h3></a></li>

29.　</ul></div>

30.　<!-- 魅力乡村 -->

31.　<!-- 文化吉林 -->

32.　<div class="content">

33.　<div class="whjl"><span> 文化吉林 </span> <a href="#"> 更多 >></a></div>

34.　<ul><li> <a href="#"><img src="images/ 文化吉林 1.jpg" />

35.　<h3> 高句丽王城、王陵及贵族墓葬 </h3>

36.　<p> 它是世界物质文化遗产，位于吉林省通化市集安市，包括国内城 ...</p></a></li>

37.　<li> <a href="#"><img src="images/ 文化吉林 2.jpg" /><h3> 朝鲜族花甲礼 </h3>

38.　<p> 国家非遗，隆重为老人过花甲，感谢父母养育之恩，祝愿老人健康长寿 ...</p></a> </li>

39.　<li> <a href="#"><img src="images/ 文化吉林 3.jpg" /><h3> 满族新城戏 </h3>

40.　<p> 国家非遗，曲调优美动听，以满族曲艺八角鼓为基础逐渐发展而成 ...</p></a></li>

41.　<li> <a href="#"><img src="images/ 文化吉林 4.jpg" /><h3> 查干湖鱼皮画 </h3>

42.　<p> 看似普通的鱼皮，经过精巧的设计、精准的刀工、细腻的针法，竟然变成了 ...</p></a></li>

43.　</ul></div>

44.　<!-- 文化吉林 -->

45.　<!-- 特色美食 -->

46.　<div class="content1">

47.　<div class="tsms"><span> 特色美食 </span> <a href="#"> 更多 >></a></div>

48.　<ul><li> <a href="#"><img src="images/ 特色美食 1.jpg" />

49.　<h3> 李连贵熏肉大饼 </h3></a></li>

50.　<li> <a href="#"><img src="images/ 特色美食 2.jpg" /><h3> 人参鸡 </h3></a></li>

51.　<li> <a href="#"><img src="images/ 特色美食 3.jpg" /><h3> 白肉血肠 </h3></a></li>

52.　<li> <a href="#"><img src="images/ 特色美食 4.jpg" /><h3> 延边冷面 </h3></a></li>

53.　<li> <a href="#"><img src="images/ 特色美食 5.jpg" /><h3> 铁锅炖 </h3></a></li>

54.　</ul></div>

55.　<!-- 特色美食 -->

56.　<!-- 优选特产 -->

57.　<div class="content1">

58.　<div class="tsms"><span> 优选特产 </span> <a href="#"> 更多 >></a></div>

59.　<ul><li> <a href="#"><img src="images/ 优选特产 1.jpg" /><h3> 通化黑木耳 </h3></a></li>

60.　<li> <a href="#"><img src="images/ 优选特产 2.jpg" /><h3> 集安板栗 </h3></a></li>

61.　<li> <a href="#"><img src="images/ 优选特产 3.jpg" /><h3> 长白人参 </h3></a></li>

62.　<li> <a href="#"><img src="images/ 优选特产 4.jpg" /><h3> 万昌大米 </h3></a></li>

63.　<li> <a href="#"><img src="images/ 优选特产 5.jpg" /><h3> 双阳鹿茸 </h3></a></li>

```
64.    </ul></div>
65.    <!-- 优选特产 -->
66.    <!-- 艺体动态 -->
67.    <div class="content1">
68.    <div class="tsms"><span> 艺体动态 </span> <a href="#"> 更多 >></a></div>
69.    <ul><li> <a href="#"><img src="images/ 艺体动态 1. jpg" />
70.    <h3> 长春有轨电车落叶景观艺术街区 </h3></a></li>
71.    <li> <a href="#"><img src="images/ 艺体动态 2. jpg" />
72.    <h3>"吉林文物会说话"云展览 </h3></a></li>
73.    <li> <a href="#"><img src="images/ 艺体动态 3. jpg" />
74.    <h3> 环长白山森林自行车赛 </h3></a></li>
75.    <li> <a href="#"><img src="images/ 艺体动态 4. jpg" />
76.    <h3> 辽源琵琶文化艺术周 </h3></a></li>
77.    <li> <a href="#"><img src="images/ 艺体动态 5. jpg" />
78.    <h3> 梅河口城市马拉松 </h3></a></li>
79.    </ul></div>
80.    <!-- 艺体动态 -->
81.    </div>
82.    <!-- 页面主体模块 -->
```

2. 控制样式

打开样式表文件 index.css 书写 CSS 样式代码，用于控制页面主体模块的显示样式，具体如下：

```
1.    /* 页面主体模块 */
2.    .main{
3.        width: 1060px;
4.        margin: 0 auto;
5.        overflow:hidden;}
6.    .content{
7.        background-color: #ffffff;
8.        width: 1060px;
9.        margin: 0 auto;
10.       overflow:hidden;
11.       margin-top:10px;
12.       box-shadow: 0px 0px 10px 5px #e2e2e2; }
13.   .content .whjl {
14.       height:48px;
15.       line-height: 48px;
16.       padding-left: 20px; }
17.   .content .whjl span{
18.       font-size: 18px;
19.       color: #961515;
20.       font-weight: 900;}
21.   .content .whjl a{
22.       margin-left: 900px;}
23.   .content ul{
24.       margin-left: 10px;
25.       overflow: hidden;}
26.   .content ul li {
27.       float:left;
28.       margin-right: 12px;}
29.   .content li a{
30.       text-decoration: none;
31.       color: black;}
32.   .content li a img{
33.       width: 250px;
34.       height: 180px;
35.       border-radius:5px;}
```

```
36.    .content li a h3{
37.        text-align: center;
38.        color: #961515;
39.        font-size: 14px;}
40.    .content li a p{
41.        width: 240px;
42.        height: 48px;
43.        margin: 0 auto;}
44.    .content1{
45.        background-color: white;
46.        width: 1060px;
47.        margin: 0 auto;
48.        margin-top:10px;
49.        overflow:hidden;
50.        box-shadow: 0px 0px 10px 5px #e2e2e2；}
51.    .content1 .tsms{
52.        margin-top:2px;
53.        height:34px;
54.        line-height: 34px;
55.        margin-left: 20px; }
56.    .content1 .tsms span{
57.        font-size: 18px;
58.        color: #961515;
59.        font-weight: 900;}
60.    .content1 .tsms a{
61.        margin-left: 900px;}
62.    .content1 ul{
63.        margin-top: 6px;
64.        overflow: hidden;}
65.    .content1 ul li {
66.        float:left;
67.        margin-left: 12px;}
68.    .content1 li a img{
69.        width: 196px;
70.        height: 140px;
71.        border-radius:5px;}
72.    .content1 li a h3{
73.        text-align: center;
74.        font-size: 14px;
75.        height: 30px;}
76.    /* 页面主体模块 */
```

保存 index.html 与 index.css 文件，刷新页面，效果如图 1-38 所示。

图 1-38　主体模块效果

知识总结与拓展

1. border-radius 定义元素的圆角，可以分别设置 4 个圆角，也可以按水平和垂直两个方向设置圆角，当水平和垂直均设为 50% 时，元素以圆形显示。

2. 可以单独设置 border 一个方向的边框做分隔或装饰效果。

1.7 项目实战——文化旅游网主页页脚模块布局实现

1.7.1 页脚模块效果分析

1. 结构分析

（1）页面页脚模块由底部导航和版权信息两个部分组成。

（2）将页面页脚模块设成一个 <div>，里面嵌套两个并列的 <div>，其中文本内容通过 <p>、<a> 标记定义。

具体结构如图 1-39 所示。

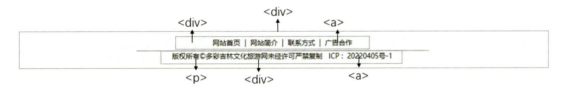

图 1-39 页脚模块结构分析

2. 样式分析

（1）页面页脚模块设置定宽，水平居中显示，设置盒阴影属性。

（2）底部导航和版权信息设置边框相隔，文本内容水平和垂直居中显示，页脚导航列表项设置右边框，最后一个列表项无右边框显示。

1.7.2 页脚模块页面制作

1. 搭建结构

打开 index.html 文件，书写页面页脚模块的代码，具体如下：

微课：页脚模块页面制作

```
1.   <!-- 页面页脚模块 -->
2.   <div class="footer">
3.   <div class="yjdh">
4.   <a href="#"> 网站主页 </a>  |  
5.   <a href="#"> 网站简介 </a>  |  
6.   <a href="#"> 联系方式 </a>  |  
7.   <a href="#"> 广告合作 </a></div>
8.   <div class="copy"><p> 版权所有 &copy 多彩吉林文化旅游网未经许可严禁复制   ICP :
      <a href="#" >20220405 号 –1</a></p></div></div>
9.   <!-- 页面页脚模块 -->
```

2. 控制样式

打开样式表文件 index.css 书写 CSS 样式代码，用于控制页面页脚模块的显示样式，具体如下：

```
1.    /* 页面页脚模块 */
2.    .footer{
3.        width: 1160px;
4.        background:#f5f5f5;
5.        margin:10px auto ;
6.        box-shadow: 0px 0px 10px 5px #e2e2e2;}
7.    .footer .gywm{
8.        height: 30px;
9.        line-height: 30px;
10.       text-align: center;}
11.   .footer .gywm a，.footer .copy a{
12.       text-decoration: none;
13.       color: black;}
14.   .footer .gywm a:hover{
15.       color: #940f13;}
16.   .footer .copy{
17.       width: 600px;
18.       height: 30px;
19.       margin: 0 auto;
20.       text-align: center;
21.       border-top: 1px solid gray;}
22.   /* 页面页脚模块 */
```

保存 index.html 与 index.css 文件，刷新页面，查看文化旅游网主页完整效果，如图 1-1 所示。

知识总结与拓展

　　1. 用 © 是为了更好地兼容不同的浏览器和不同版本。

　　2. 设置 CSS 颜色属性常见方法：十六进制颜色值，如 #00 eeff；RGB 颜色值，如 rgb(20，200，150)；RGBA 颜色值，如 rgba(20，200，150，0.5)；网页中的预定义颜色，如 red，blue 等。

拓展实践

　　方案：设计制作文化旅游网子页。

　　目标与要求：

　　1. 设计制作 2~3 个子页，网页布局清晰、合理、规范、有创意。

　　2. 色彩搭配协调，文字描述合理，图片显示正确。

⊙ 项目小结 ·· ◎

　　本项目概括性介绍了 WUI 设计概念、PC 端网站设计与制作流程、网页设计基本规范，通过项目实战的详细讲解，帮助读者深入了解并掌握 PC 端网页界面设计与布局实现的一般过程及方法与技巧。

项目2　家居装饰网主页界面设计与布局实现

项目目标

1．熟悉 PC 端网站常见设计风格；
2．熟悉 PC 端网站设计制作流程；
3．掌握 PC 端网页界面设计规范（重点）；
4．掌握 Photoshop 设计制作 PC 端网页界面的方法与技巧（重点）；
5．掌握 HTML5 与 CSS3 制作 PC 端网页页面的方法与技巧（重点）。

项目描述

　　项目主题：尚品装饰主要提供大气精装、时尚简约等多种风格的全屋设计与服务，提倡环保工艺、资源节约、创意收纳、艺术设计等简单改变，打造可持续健康家居生活，探索新的家居设计灵感，感受每一处变化的视觉亮点。"尚品"家居装饰网带您体验时尚简约有品质的生活方式，给您一个舒服的家，品味生活的美。

　　项目实施：本项目主要通过 Photoshop、HTML5、CSS3 等进行"尚品"家居装饰网主页的 PC 端网页界面设计与布局实现。主页页面展示网站主题 Logo，提供搜索、导航、精品内容展示等主要功能，以图片为主并配以简要的文字说明，通过页面头部、页面导航及banner、页面主体、页面页脚共 4 个模块完成家居装饰网的布局实现，主页效果如图 2-1所示。

家居装饰网主页界面设计与布局实现源文件

图 2-1　尚品家居装饰网主页效果

2.1　PC 端网页布局实现相关知识

2.1.1　CSS 选择器

CSS 选择器用于选择你想要的元素的样式。在网页制作时采用层叠样式表技术，可以有效地对页面的布局、字体、颜色、背景和其他效果实现更加精确地控制，CSS 选择器可以对 HTML 页面中的元素实现一对一、一对多或多对一的控制。

CSS 样式设置规则由选择器和声明部分组成，如图 2-2 所示，写在大括号前面的为选择器，大括号里面的部分为声明部分，包括属性与属性值。属性和属性值用英文冒号 ":" 连接，每条语句用分号 ";" 结束。

1. 选择器类型

（1）通配符选择器。通配符选择器用星形标示号 "*" 表示，它是所有选择器中作用范围最广的，能匹配页面中所有的元素。其语法规则及样例如图 2-3 所示。

```
语法：选择器{
          属性1：属性值1；
          属性2：属性值2；
          属性3：属性值3；    }

举例：  p{
          color: red;
          width: 200px;
          height: 200px;    }
```

```
语法：*{
          属性1：属性值1；
          属性2：属性值2；
          属性3：属性值3；
       }

举例：  *{
          margin: 0;
          padding: 0;
          color: black;    }
```

图 2-2　CSS 选择器语法规则　　　　　　图 2-3　通配符选择器

（2）标签选择器。标签选择器（也称元素选择器）是指用 HTML 标签名称作为选择器，按标签名称分类，为页面中某一类标签指定统一的 CSS 样式。HTML 中的所有标签都可以指定为标签选择器，语法规则及样例如图 2-4 所示。

（3）类选择器。类选择器使用类名来选择元素，前提是要给元素先定义一个 class 的属性，class=" 类名 " 进行调用。类选择器使用 "." 进行标识，后面紧跟类名，语法规则及样例如图 2-5 所示。

```
语法：标签名{
          属性1：属性值1；
          属性2：属性值2；
          属性3：属性值3；
       }

举例：  div{
          margin: 0;
          padding: 0;
          color: black;    }
```

```
语法：.类名{
          属性1：属性值1；
          属性2：属性值2；
          属性3：属性值3；
       }

举例：  .left{
          margin: 0;
          padding: 0;
          color: black;    }
定义一个类选择器.left,然后在标签div中调用类选择器.
```

图 2-4　标签选择器　　　　　　　　　　图 2-5　类选择器

> **注意：**
> 1. 类名的第一个字符不能使用数字，并且严格区分大小写，一般采用小写的英文字符。
> 2. 一个选择器的 class 中可以使用多个类名，各个类名之间用空格分开，不分先后顺序。

（4）id选择器。id选择器用来对某个单一元素定义单独的样式，具有唯一性。id选择器使用"#"进行标识，后面紧跟 id 名，语法规则及样例如图 2-6 所示。

（5）交集选择器（标签指定式选择器）。交集选择器又称标签指定式选择器，由两个选择器直接连接构成，其结果是选中二者各自元素范围的交集，其中第一个选择器必须是标记选择器，第二个必须是类选择器或者 ID 选择器，两个选择器之间不能有空格，必须连续书写，语法规则及样例如图 2-7 所示。

```
语法：#id名{
        属性1：属性值1；
        属性2：属性值2；
        属性3：属性值3；
      }

举例： #left{
        margin: 0;
        padding: 0;
        color: black;    }
定义一个id选择器left,然后在标签div中调用id选择器left
<div id="left">    </div>
```

图 2-6　id 选择器

```
语法：标签名.类名{
            属性1：属性值1；
            属性2：属性值2；
            ...    }
      标签名#id名{
            属性1：属性值1；
            属性2：属性值2；
            ...    }

举例： p.red{color:red;}
       p#blue{color:blue;}
引用方法：
<p class="red"></p>
<p id="blue"></p>
```

图 2-7　交集选择器

（6）并集选择器（群组选择器）。并集选择器又称群组选择器，是由多个选择器通过逗号连接在一起使用相同的 CSS 样式，这些选择器可以是标签选择器、类选择器或 id 选择器等，语法规则及样例如图 2-8 所示。

（7）后代选择器（包含选择器）。后代选择器用来选择元素或元素组的后代，也称包含选择器，定义样式时，选择器 1 和选择器 2 之间用空格分隔。效果实现时其写法就是把选择器 1 对应的外层标签写在前面，选择器 2 对应的内层标签写在后面，且两个元素之间的层次间隔可以是无限的，语法规则及样例如图 2-9 所示。

```
语法：选择器1,选择器2,选择器3{
        属性1：属性值1；
        属性2：属性值2；
        ...    }

举例： p,.red{color:red;}
       p,#blue,.left{color:blue;}
```

图 2-8　并集选择器

```
语法：选择器1 选择器2{
            属性1：属性值1；
            属性2：属性值2；
            ...    }

举例： p .red{color:red;}
       p #blue{color:blue;}
       .left #black{color:black;}
```

图 2-9　后代选择器

注意：

1. 后代选择器间用空格分隔，选择的是元素或元素组的所有后代元素。

2. 后代选择器使用时，一般情况下两个元素之间的间隔可以是无限的，但有个别标签会影响效果，比如标题 <h1-h6>。

（8）子选择器。子选择器就是指定父元素所包含的直接子元素的样式。与后代选择器相比，即只对直接后代有影响，而对"孙子"及多个层的后代不产生作用，选择器间用大于号（子结合符）连接，语法规则及样例如图 2-10 所示。

注意：

1. 如果不希望选择任意的后代元素，而是希望缩小范围，只选择某个元素的子元素，可以使用子元素选择器。

2. 子结合符两边可以有空白符，这是可选的。

（9）相邻选择器。相邻选择器通过相邻的兄弟元素相互控制，所谓相邻选择器就是指定一个元素相邻的下一个元素的样式，语法规则及样例如图 2-11 所示。

```
语法：选择器1>选择器2{
        属性1：属性值1；
        属性2：属性值2；
        ...     }

举例：  p >.red{color:red;}
        #blue>i{color:blue;}
        .left>span{color:black;}
```

图 2-10　子选择器

```
语法：选择器1+选择器2{
        属性1：属性值1；
        属性2：属性值2；
        ...     }

举例：  p+.red{color:red;}
        div+.blue+i{color:blue;}
        ul+li+span{color:black;}
```

图 2-11　相邻选择器

（10）属性选择器。属性选择器就是利用网页标记包含的属性及其属性值来定义特殊元素或一定范围元素的样式。一般是一个元素后面紧跟中括号，中括号内是属性或属性表达式，可匹配属性名和属性值，语法规则及样例如图 2-12 所示。

（11）多层选择器。多层选择器用来实现对 HTML 结构中纵深元素的控制，嵌套的层级无限制，语法规则及样例如图 2-13 所示。

```
语法：选择器[属性或属性表达式]]{
        属性1：属性值1；
        属性2：属性值2；
        ...     }

举例：  p[color]{font-size: 16px;}
        p[color="red"]{font-size: 26px;}
```

图 2-12　属性选择器

```
语法：选择器 选择器 选择器 选择器{
        属性1：属性值1；
        属性2：属性值2；
        ...     }

举例：  div p span{font-size: 16px;}
        div .left ul li {font-size: 18px;}
```

图 2-13　多层选择器

2. CSS 样式书写位置

（1）行内（内联）样式表。行内样式表是通过在开始标签中书写 style 属性来设置样式，应用范围仅限当前标签，语法规则及样例如图 2-14 所示。

（2）内部（内嵌）样式表。内部样式表是将 CSS 样式代码集中写在 HTML 文档的头部标签 <head> 中，并用 <style> 标签定义。内部样式在头部设置样式，整个 HTML 文件中直接调用，应用范围是当前页，语法规则及样例如图 2-15 所示。

语法：<标签 style="样式属性：属性值；……">

举例：

图 2-14　行内样式表

语法：<head> <style type="text/css">
选择器{属性：属性值；...}
</style> </head>

图 2-15　内部样式表

（3）链接外部样式表。链接外部样式表就是将所有样式写在一个或多个以 .css 为扩展名的外部样式表文件中，在页面的头部标签 <head> 中用 <link> 标签链接样式表文件进行使用，应用范围为整个网站的所有页面，语法规则及样例如图 2-16 所示。

（4）导入外部样式表。导入外部样式表是指在内部样式表的 <style> 里导入一个外部样式表，导入时用 @import，（也可以在一个 CSS 样式表文件开始处写 @import 引用另一个样式表文件），应用范围为整个网站的所有页面，语法规则及样例如图 2-17 所示。

语法：
<head>
　<link rel="stylesheet" type="text/css" href="外部样式表文件名称">
</head>
举例：
　<link rel="stylesheet" type="text/css" href="CSS/index.css">

图 2-16　链接外部样式表

语法：
<head>
　<style type="text/css">
　　　　@import url('外部样式表文件名称')
　</style>
</head>

图 2-17　导入外部样式表

3. CSS 特性

（1）层叠性。当相同的选择器设置了相同的属性样式后，其中一个就会被覆盖（层叠）掉。当属性样式冲突，层叠遵循的原则是就近原则，哪个样式离结构近，就执行哪个样式，样式不冲突，不会层叠。

（2）优先级特性。

①行内样式表 > 内嵌样式表 > 链接样式表 > 导入样式表。

②行内样式 > id 选择器 > 类选择器 = 属性选择器 = 伪类选择器 > 标签选择器 = 伪元素选择器。

③属性后有 !important 拥有最高优先级。

④一般，最近的祖先样式比其他祖先样式优先级高，就近原则判断。

（3）继承性。继承性是指书写 CSS 样式表时，子标记会继承父标记的某些样式。想要设置一个可继承的属性，只需将它应用于父元素即可。继承性发生的前提是标记之间属于一种嵌套关系。

①可继承属性：文字颜色、大小、字体等与文字有关的属性都可以实现继承。

②特殊性：<a> 不能继承父元素中的文字颜色（层叠掉了）；<h1> 标题标记不能继承父元素中的文字大小。

4. CSS 伪类和伪元素

（1）伪类。伪类用于定义元素的特殊状态。例如，它可以用于设置鼠标悬停在元素上时的样式等。伪类本质上是为了弥补常规 CSS 选择器的不足，以便获取到更多信息，可以同时使用多个伪类。伪类由一个冒号":"开头，冒号后面是伪类的名称和包含在大括号中的可选参数，任何常规选择器可以在任何位置使用伪类，伪类语法不区别大小写，语法规则及样例如图 2-18 所示。

锚伪类：在支持 CSS 的浏览器中，超链接的不同状态可以用不同的方式显示，这些状态包括：活动状态 a:active，已被访问状态 a:visited，未被访问状态 a:link，和鼠标悬停状态 a:hover。

常用伪类：

① ":focus"：选择获得焦点的输入元素。

② ":first-child"：匹配作为父元素的第一个子元素。

③ ":last-child"：匹配作为父元素的最后一个子元素。

④ ":nth-child(n)"：匹配作为父元素的第 n 个子元素。

⑤ ":nth-child(odd)"和":nth-child(even)"：分别表示匹配父元素的第奇数和偶数个子元素。

（2）伪元素。伪元素由两个冒号 :: 开头，然后是伪元素的名称。一个选择器只能使用一个伪元素，并且伪元素必须处于选择器语句的最后，伪元素本质上是创建了一个有内容的虚拟容器，语法规则及样例如图 2-19 所示。

语法：
选择器：伪类{属性：属性值；}
样例：
a:hover{background-color:orange;}

语法：
选择器：：伪元素{属性：属性值；}
样例：
li::before{ display: inline-block; }

图 2-18　伪类语法　　　　　图 2-19　伪元素语法

常用伪元素：

① "::before"：可用于在元素内容之前插入一些内容。

② "::after"：可用于在元素内容之后插入一些内容。

③ ":first-line"：用于向文本的首行添加特殊样式。

④ "::first-letter"：用于向文本的首字母添加特殊样式。

⑤ "::selection"：匹配用户选择的元素部分。

2.1.2　CSS 盒子模型

1. 盒子模型

在 CSS 中，所有 HTML 页面中的布局元素都可以看作是一个矩形的盒子，也就是一个盛装内容的容器，盒子模型用来做布局设计时使用。CSS 盒模型本质上是一个盒子，封装周围的 HTML 元素，它包括外边距（margin）、边框（border）、内边距（padding）和实际内容（content），效果如图 2-20 所示。

（1）盒子总宽度 / 高度 =width/height+padding+border+margin。

（2）idth 和 height 属性只适用于块元素，宽度（width）和高度（height）可以取值为绝对单位和相对单位。

2. 外边距（margin）

外边距是元素边框与周围元素相距的空间（透明的）。

（1）外边距一般有三种取值：

① Auto，如 margin 0 auto;。

②定义一个固定数值的外边距。

③定义一个使用相对单位的外边距。

（2）外边距可以指定为 4 个不同方向的外边距属性，即上外边距（margin-top）、下外边距（margin-bottom）、左外边距（margin-left）、右外边距（margin-right）。

（3）margin 简写属性可以取 1～4 个属性值，取值写法如图 2-21 所示。

```
margin:10px 5px 10px 5px;
margin: 10px 5px 8px;
margin: 10px 5px;
margin: 10px;
```

图 2-20　盒子模型　　　　　图 2-21　外边距四种取值写法

①如果取 1 个值，表示上、右、下、左四个方向的外边距取相同值。

②如果取 2 个值，第一个值为上下外边距取值，第二个值为左右外边距取值。

③如果取 3 个值，第一个值为上外边距取值，第二个值为左右外边距取值，第三个为下外边距取值。

④如果取 4 个值，则按顺序为上、右、下、左四个外边距取值。

（4）外边距使用时需要注意的问题。

①外边距合并问题，如果垂直方向上外边距相撞时，取其中较大值，另外，浮动元素的外边距不合并。

②当给子元素设置 margin-top 时，父元素会跟着子元素一起下来。此时的解决方法主要有：父元素设置 "overflow:hidden;"；父元素或者子元素设置 "float"；父元素设置 "border:1 px solid transparent;"；父元素设置 "padding-top:1 px;"。

3. 边框（border）

可以在元素周围创建边框，边框是元素可见框的最外部。

（1）边框样式（border-style）。

① none：默认无边框。

② dotted：定义一个点线边框。

③ dashed：定义一个虚线边框。

④ solid：定义实线边框。

⑤ double：定义两个边框，两个边框的宽度和 border-width 的值相同。

（2）边框宽度（border-width）和边框颜色（border-color）。可以通过 border-width 属性为边框指定宽度，取值可以为绝对单位和相对单位；border-color 属性用于设置边框的颜色，可以设置边框的颜色为 "transparent"，需要注意的是 border-color 单独使用是不起作用的，必须得先使用 border-style 来设置边框样式。

（3）border-style 属性可以有 1～4 个属性值，取值顺序参考外边距取值顺序，取值方法与效果如图 2-22 所示。

（4）边框简写属性 border，即把边框样式、边框宽度和边框颜色写在一个属性 border 上，如 "border: 2 px solid red;"。

4. 内边距（padding）

内边距指的是元素内容区与边框以内的空间（透明的），默认情况下 width 和 height 不包含

padding 的大小。

（1）内边距取值可以为绝对单位和相对单位。

（2）内边距可以指定四个不同方向的内边距属性：上外边距（padding-top）、下外边距（padding-bottom）、左外边距（padding-left）、右外边距（padding-right）。

（3）内边距简写属性 padding 可以取 1~4 个属性值，取值方法与效果如图 2-23 所示。

```
border-style:dotted solid double dashed;        padding: 10px;
border-style:dotted solid double;               padding: 5px 10px;
border-style:dotted solid;                      padding: 5px 10px 15px;
border-style:dotted;                            padding: 5px 8px 10px 15px;
```

图 2-22　边框样式四种取值写法　　　　图 2-23　内边距四种取值写法

5. 实际内容（content）

内容区指的是盒子中放置内容的区域，子元素都是存在于内容区中的。

（1）如果没有为元素设置内边距和边框，则内容区大小默认和盒子大小是一致的。

（2）通过 width 和 height 两个属性可以设置内容区的大小。一般定义的 width 和 height 就是盒子实际内容（content）的宽度和高度。

①块级元素默认宽度为 100%，行内元素默认宽度是由内容撑开，无论是块级元素还是行内元素，默认高度都是由内容撑开。

②块级元素可以设置宽高属性，行内元素设置宽高属性不生效。

③宽度（width）和高度（height）可以取值为绝对单位和相对单位。

2.1.3　元素类型与转换

1. 行内元素（内联元素）

（1）行内元素的表现形式是始终在同一行内逐个进行显示，直到一行放不下才会进行换行。

（2）行内元素没有自己的形状，不能定义它的宽和高，它显示的宽度、高度只能根据所包含内容的高度和宽度来确定，它的最小内容单元也会呈现矩形形状。

（3）行内元素也会遵循盒模型基本规则，如可以定义 padding、border、margin、background 等属性，但个别属性不能正确显示。

2. 块级元素

（1）块级元素在网页中就是以块的形式显示，所谓块级就是元素显示为矩形区域。

（2）默认情况下，块级元素都会占据一行，即两个相邻块级元素不会出现同一行并列显示的现象，会自动换行；默认情况下，块级元素会按顺序自上而下垂直排列。

（3）块级元素都可以定义自己的宽度和高度。

（4）块级元素一般都作为其他元素的容器，它可以容纳其他内联元素和其他块级元素。

3. 行内块元素

（1）拥有了块和内联的共有特点，既可以设置宽度和高度等块元素属性，又可以像行内元素一样在同一行显示。

（2）行内块元素需要使用 display 进行转换。

4. display 属性实现元素类型的转换

（1）block：表示将其他元素类型转换为块级元素，使其具有块级元素的特点。

（2）inline：表示将其他元素类型转换为行内元素，使其具有行内元素的特点。

（3）inline-block：表示将其他元素类型转换为行内块元素，使其具有行内块元素的特点。

（4）list-item：表示将其他元素类型转换为列表元素，使其具有列表元素的特点。

（5）none：此元素不会被显示。

（6）table：此元素会作为块级表格来显示（类似 <table>），表格前后带有换行符。

（7）inherit：规定应该从父元素继承 display 属性的值。

2.1.4 元素的浮动

1. 浮动（float）

（1）浮动会使元素向左或向右移动，其周围的元素也会重新排列。一个浮动元素会尽量向左或向右移动，直到它的外边缘碰到包含框或另一个浮动框的边框为止，浮动元素之后的元素将围绕它，浮动元素之前的元素将不会受到影响。如果把几个浮动的元素放到一起，在有空间的情况下，它们将彼此相邻。

（2）浮动 float 可以取个值，分别是 left、right、none、inherit。

2. 清除浮动（clear）

由于元素浮动之后不再占用原文档流的位置，会对浮动元素后面的元素布局排版产生影响，为了解决这些问题，主要有三种方法：一是在该元素中使用 clear 清除浮动。clear 属性指定元素两侧不能出现浮动元素，它有五种取值，分别是：left、right、both、none、inherit；二是可以在使用浮动的元素的父元素中设置"overflow:hidden;"；三是使用伪元素清除浮动。

2.1.5 元素的定位

在 CSS 中关于定位的内容是：position:relative | absolute | static | fixed | sticky。static 没有特别的设定，遵循基本的定位规定，不能通过 z-index 进行层次分级。在文本流中，任何一个元素都被文本流限制了自身的位置，但是依然可以通过先设定 position 属性，然后使用 CSS 中的顶部（top）、底部（bottom）、左侧（left）和右侧（right）4 个属性进行位置定位，进而改变这些元素的位置。

（1）绝对定位（absolute）。

①绝对定位的元素的位置相对于最近的已定位父元素，如果元素没有已定位的父元素，那么它的位置相对于 <html>。

②绝对定位使元素的位置与文档流无关，因此，不占据空间。

③绝对定位的元素和其他元素重叠。

（2）相对定位（relative）。

①相对定位元素的定位是相对其原来的正常位置。

②移动相对定位元素，但它原本所占的空间不会改变。

③相对定位元素经常被用来作为绝对定位元素的容器块。

（3）固定定位（fixed）。

①固定定位元素的位置相对于浏览器窗口是固定位置，即使窗口滚动它也不会移动。

②固定定位使元素的位置与文档流无关，因此不占据空间。

③固定定位的元素和其他元素重叠。

（4）粘性定位（sticky）。

①粘性定位的元素是依赖用户的滚动位置来定位，在"position:relative"与"position:fixed"定位之间切换。

②它的行为就像"position:relative;"，而当页面滚动超出目标区域时，它的表现就像"position:fixed;"，它会固定在目标位置，元素定位表现为在跨越特定阈值前为相对定位，之后为固定定位。

③这个特定阈值指的是 top、right、bottom 或 left 之一，换言之，指定 top、right、bottom 或 left 四个阈值其中之一，才可使粘性定位生效，否则其行为与相对定位相同。

（5）z-index 属性。

①元素的定位与文档流无关，所以，它们可以覆盖页面上的其他元素。

② z-index 属性指定了一个元素的堆叠顺序（哪个元素应该放在前面或后面），一个元素可以有正数或负数的堆叠顺序，具有更高堆叠顺序的元素总是在较低的堆叠顺序元素的前面。

③如果两个定位元素重叠，没有指定 z-index，最后定位在 HTML 代码中的元素将被显示在最前面。

2.2　项目实战——家居装饰网主页界面设计

2.2.1　头部和页脚模块界面设计

（1）打开 Photoshop 软件，新建 Web 文档，设置宽度 1056 px，高度 1604 px，分辨率为 72 ppi。

（2）参考 PC 端网页界面设计基本尺寸规范，用参考线先将画布进行分割。页面头部高为 60 px，页面导航高为 50 px，页面 banner 高为 386 px，页面主体高为 778 px；将页面主体分成三个部分，从上至下的占高依次为 240 px、338 px、240 px、160 px；页面页脚高为 80 px；页面 banner 与页面主体，页面主体与页脚及页面主体中各部分之间垂直方向均有 10 px 间距；整个主页界面设计中全部使用"微软雅黑"字体，效果如图 2-24 所示。

微课：头部和页脚模块界面设计（一）

（3）制作头部模块。创建"头部模块"图层组，置入预先准备好的 Logo 图片素材，调整宽高大小均为 56 px，位置垂直居中，水平靠近左侧边缘参考线；新建图层分别输入标题文本内容，大标题文本设置字体加粗，文字大小为 22 px，字间距调整为 200，颜色为黑色；小标题文本设置字体加粗，大小为 14 px，字间距调整为 0，颜色为黑色，效果如图 2-25 所示。

微课：头部和页脚模块界面设计（二）

图 2-24　分割画布　　　　图 2-25　Logo 与标题设计效果

（4）继续制作头部模块。使用"圆角矩形"工具绘制搜索框，宽度为 440 px，高度为 36 px，设置圆角半径为 5 px，填充颜色为白色，设置外发光，颜色为 # c4c3c3；不透明度为 20%，扩展为 10%，大小为 10 px，调整搜索框位置水平靠右垂直居中（也可以设置精确值，如距离右侧边缘 20 px）；使用"矩形"工具绘制搜索按钮背景色，宽度为 90 px，高度为 36 px，填充颜色为

#8cbb19，输入按钮文本"搜索"，颜色为白色，大小为 14 px，设置字符间距为 300，按钮和搜索框右边缘对齐；输入搜索框左侧提示文本内容，大小为 14 px，颜色为 #666666，调整文字垂直居中使其与搜索框左侧边缘留有一定间距，效果如图 2-26 所示。

图 2-26　头部模块设计效果

（5）制作页脚模块。创建"页脚模块"图层组，使用"矩形"工具绘制页脚区域背景色，宽度为 1056 px，高度为 80 px，填充颜色为 #333333；输入页脚导航文本，大小为 14 px，颜色为白色，文本水平居中；使用"直线"工具绘制一条竖线，颜色为白色，粗细为 1 px，复制竖线并排好位置，效果如图 2-27 所示。

图 2-27　页脚模块导航设计效果

（6）继续制作页脚模块。输入页脚底部第一行文本，大小为 14 px，颜色为 #a0a0a0，复制文本移至下一行位置并修改内容，整个页脚模块文本内容水平和垂直居中，效果如图 2-28 所示。

图 2-28　页脚模块设计效果

拓 展 实 践

方案：以时尚、简约、环保、服务为主题进行家居装饰网网站 Logo 设计。

目标与要求：

1. 了解家居装饰网相关行业信息和品牌愿景，特别是在简约、环保、节能方面的提倡与实践，将自然化、人性化与艺术创意融入到家居装饰网 Logo 设计。

2. 遵循 Logo 设计的基本流程与规范，设计要兼顾整体与细节、自然与人的和谐统一，注意内容表达的有效性与适当留白。

3. 多欣赏学习优秀 Logo 的设计手法与技巧，表达简练、有创意。

2.2.2　导航和 banner 模块界面设计

（1）制作导航模块。创建"导航和 banner 模块"图层组，使用"矩形"工具绘制页面导航栏区域背景，宽度为 1056 px，高度为 50 px，填充颜色为 #8cbb19；输入导航栏文本内容，文字大小为 16 px，颜色为 #ffffff；使用"直线"工具绘制文本间的竖线，颜色为 #D3D3D3，竖线高为 50 px，复制竖线并排列对齐；使用"矩形"工具绘制"网站首页"列表项的背景，宽度为 132 px，颜色为 #ffa500，效果如图 2-29 所示。

微课：导航和 banner
模块界面设计

| 网站首页 | 家居用品 | 简约生活 | 收纳整理 | 环保工艺 | 设计服务 | 精装案例 | 联系我们 |

图 2-29　导航模块界面设计效果

（2）制作 banner 模块。置入预先准备好的 banner 图片素材，调整宽高大小为 1056 px 和 386 px，效果如图 2-30 所示。

图 2-30　banner 模块设计效果

拓展实践

方案：查阅环保家居和简约设计方面的相关资料，收集图片、文字、视频等素材内容并将其作为网站子页的素材。

目标与要求：

1. 通过素材的收集和整理过程，提升个人的观察、分析和实践能力。

2. 了解环保知识，理解绿色发展和可持续发展的重要意义。

3. 认真查阅家居装饰相关方面的资料，提炼与本网站相关的文字和图片等内容，并进行适当的加工处理。

2.2.3　主体模块界面设计

（1）制作主体模块"精装案例"部分。创建"精装案例"图层组，使用"矩形"工具绘制"精装案例"部分背景，宽度为 1056 px，高度为 240 px，填充颜色为 #dbdbdb；使用"直排文本工具"输入大标题文本"精装案例"，设置字体加粗，大小为 36 px，颜色为黑色，添加投影效果，不透明度为 50%，角度为 160°，距离和大小均为 5 px，扩展为 5%，颜色为 #323232；继续输入文本"更多 >>"，大小为 12 px，不加粗，颜色为 #ff0000，标题文本部分占宽 100 px，效果如图 2-31 所示。

微课：主体模块界面设计（一）

图 2-31　"精装案例"部分标题效果

（2）继续制作主体模块"精装案例"部分。置入预先准备好的精装案例图片素材，调整宽高大小为 192 px 和 174 px；使用"矩形"工具为图片标题绘制与图片同宽的白色背景，输入标题文本，大小为 14 px，颜色为黑色；为图片及文本设置描边效果，描边大小为 1 px，颜色为 #8cbb19；复制第一列图文内容，并进行排列对齐，修改标题文本内容；使用置入或"选择性粘贴"替换对应位置图片，最终效果如图 2-32 所示。

图 2-32　"精装案例"部分设计效果

微课：主体模块界面设计（二）

（3）制作主体模块"简约生活"部分。创建"简约生活"图层组，使用"矩形"工具绘制"简约生活"部分背景，宽度为 1 056 px，高度为 338 px，填充颜色为 #dbdbdb；复制大标题文本并修改文本内容为"简约生活"，将文本放置在靠右侧位置；置入预先准备好的简约生活图片素材，调整宽高大小为 220 px 和 132 px，为图片设置描边效果，粗细为 8 px，颜色为 #eeeeee；绘制说明文字背景色，宽度同图片宽度，高度为 24 px，颜色为 #2e1d10，不透明度为 60%；输入说明文本，颜色为白色，大小为 14 px，调整位置水平和垂直居中，效果如图 2-33 所示。

图 2-33　"简约生活"部分标题和小图片效果

（4）继续制作主页主体模块"简约生活"部分。复制上面的图文内容，修改文本内容，使用置入或"选择性粘贴"替换对应位置图片；置入右侧大图片，宽高大小为 586 px 和 288 px，复制说明文本和矩形背景，调整矩形宽度为 586 px，将图片和文本排列对齐，效果如图 2-34 所示。

图 2-34　"简约生活"部分设计效果

（5）制作主体模块"环保工艺"部分。复制"精装案例"图层组所有内容，并更名为"环保工艺"，设置参考线，总占位高度为 240 px，与上下其他部分之间垂直间距为 10 px，修改图层组中所有图文内容，效果如图 2-35 所示。

图 2-35　"环保工艺"部分设计效果

（6）制作主体模块"收纳整理"部分。创建"收纳整理"图层组，使用"矩形"工具绘制"收纳整理"部分背景，宽度为 1056 px，高度为 160 px，填充颜色为 #dbdbdb；复制"简约生活"和"更多"并修改文本内容为"收纳整理"，将文字大小改为 26 px，调整位置水平靠右；置入预先准备好的收纳整理图片素材，调整宽高大小为 160 px 和 120 px，为图片设置描边效果，粗细为 1 px，颜色为 #8cbb19；输入图片下方的标题文本，大小为 14 px，颜色为黑色，效果如图 2-36 所示。

微课：主体模块界面
设计（三）

微课：主体模块界面
设计（四）

图 2-36　"收纳整理"部分标题和小图片效果

（7）继续制作主体模块"收纳整理"部分。复制第一列的图文内容并进行排列对齐，修改文本内容，使用置入或"选择性粘贴"替换对应位置图片，效果如图 2-37 所示。至此，主页界面制作完成，完整主页效果如图 2-1 所示。

图 2-37　"收纳整理"部分界面设计效果

拓展实践

方案：对网站的主体内容进行修改替换，包括图片、文字、布局、样式等。

目标与要求：

1. 进一步了解网站主题相关的环保与简约、设计与服务等信息，搜集替换素材。

2. 展示界面设计作品，有效交流并提高团队工作效率。

2.3　项目实战——家居装饰网主页头部模块布局实现

2.3.1　头部模块效果分析

1. 结构分析

（1）页面头部模块由 Logo 图片、标题内容和搜索框组成。

（2）将页面头部模块设成一个 <div>，里面嵌套两个并列的 <div>，第一个 <div> 用来写 Logo 图片和标题内容，其中 Logo 图片通过 <img> 标记来定义，标题内容通过 <h2>、<h4> 标记定义，第二个 <div> 用来写搜索框，搜索框由输入文本框和搜索按钮组成，通过 <input>、<button> 标记定义。

具体结构如图 2-38 所示。

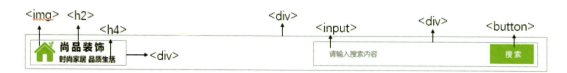

图 2-38　头部模块结构分析

2. 样式分析

（1）整个页面头部模块设置定宽，水平居中显示。

（2）Logo 图片和标题内容水平靠左，垂直居中显示，大标题设置增加的字符间距。

（3）搜索框水平靠右，垂直居中显示，设置阴影、无边框，搜索按钮设置背景色 #8cbb19，文本颜色 #fff，提示文本搜索框内垂直居中，水平靠左留有一定间距。

2.3.2　头部模块页面制作

1. 搭建结构

新建家居装饰网站点文件夹，内部包含 images 文件夹用来存放素材图片，CSS 文件夹用来存放

微课：头部模块页面制作

样式表文件 index.css，主页文件 index.html 。

打开 index.html 文件，书写 html 基本结构和页面头部模块的代码，具体如下：

```
1.    <!DOCTYPE html>
2.    <html lang="en"> <head> <meta charset="utf-8">
3.    <title> 尚品装饰 时尚家居 品质生活 </title>
4.    <link rel="icon" href="images/logo2.png">
5.    <meta name="keywords" content=" 时尚家居，品质生活，尚品装饰 ">
6.    <meta name="description" content=" 尚品装饰创造美好日常生活，更多家装灵感及生活创意，体验时尚
      有品质的生活方式。" />
7.    <link rel="stylesheet" href="CSS/index.css"> </head>
8.    <body><div id="box">
9.    <!-- 页面头部模块 -->
10.   <div id="header">
11.   <div class="left"> <img src="images/logo2.png"> </div>
12.   <div class="center"> <h2> 尚品装饰 </h2>
13.   <h4> 时尚家居    品质生活 </h4> </div>
14.   <div class="search">
15.   <input type="text" name="wd" class="search-txt " placeholder=" 请输入搜索内容 ...">
16.   <button type="button" class="search-btn"> 搜索 </button>
17.   </div> </div>
18.   <!-- 页面头部模块 -->
19.   </body></html>
```

2. 控制样式

打开样式表文件 index.css 书写 CSS 样式代码，用于控制页面头部模块的显示样式，具体如下：

```
1.    /* 初始化 */
2.    *, a, ul, li, p, h2, h4, img{
3.        margin: 0;
4.        padding: 0;
5.        text-decoration: none;
6.        list-style: none;}
7.    a{color:black;}
8.    body {
9.        background: #f1faf2;
10.       font-size: 14px;
11.       font-family: Arial，Microsoft YaHei;}
12.   *box{
13.       background-color: #ffffff;
14.       box-shadow: 0 0 10px #E3E3E3;
15.       width: 1056px;
16.       margin: 2px auto; }
17.   /* 页面头部模块 */
18.   *header {
19.       height: 60px;
20.       overflow: hidden;}
21.   *header .left，.center{
22.       float:left;
23.       height:60px;}
24.   *header .left img {
25.       width: 56px;
26.       height: 56px;
27.       padding-top:4px;}
28.   *header .center h2{
29.       padding-top: 6px;
```

```
30.        font-size: 22px;
31.        letter-spacing: 6px;}
32.    *header .search {
33.        float: right;
34.        height: 36px;
35.        width: 440px;
36.        margin-top: 12px;
37.        margin-right: 15px;
38.        box-shadow: 2px 1px 6px rgba(0,  0,  0,  0.15);
39.    *header .search .search-txt {
40.        border: 0 none;
41.        float: left;
42.        height: 36px;
43.        line-height: 36px;
44.        text-indent: 14px;  }
45.    *header .search-btn {
46.        border: 0 none;
47.        float: right;
48.        height: 36px;
49.        line-height: 36px;
50.        width: 90px;
51.        background-color: #8cbb19;
52.        color: #ffffff;
53.        letterspacing:5px;
54.        padding-left:15px}
55.    /* 页面头部模块 */
```

保存 index.html 与 index.css 文件，刷新页面，效果如图 2-39 所示。

图 2-39　头部模块效果

知识总结与拓展

1."border:none" 与 "border:0" 的区别体现为两点：一是性能差异，把 border 设为 "0" 像素效果等于 "border-width:0"，浏览器依然对 border-width、border-color 进行了渲染，即已经占用了内存值；把 border 设为 "none"，实际效果等同于 "border-style:none"，浏览器解析 "none" 时将不作出渲染动作，即不会消耗内存值。二是兼容性差异，在 IE6、IE7 中，border 为 "none" 时，标签 button、input 边框依然存在。为了解决兼容问题，可以设置 "border:0 none;"。

2."rgba(red，green，blue，alpha)" 用来设置颜色值和透明度，前 3 个值（红、绿、蓝）的范围为 0~255 的整数或者 0~100% 的百分数，这些值描述了红、绿、蓝三原色在预期色彩中的量。第 4 个值 alpha，指定了色彩的不透明度，它的范围为 0.0~1.0。

3. letter-spacing 属性用于设置字符间距（字母间隔），默认值 normal（相当于 0）规定字符间没有额外的空间；length 定义字符间的固定空间，允许使用负值，负值会让字母间更加紧凑；inherit 规定从父元素继承 letter-spacing 属性值。

2.4　项目实战——家居装饰网主页导航和 banner 模块布局实现

2.4.1　导航和 banner 模块效果分析

1. 结构分析

（1）页面导航模块由网站首页、家居用品、简约生活、收纳整理、环保工艺、设计服务、精装案例、联系我们共 8 个列表项目组成。

（2）将页面导航模块设成一个 <div>，里面嵌套一个 <ul>，其中每个列表项通过 <li>、<a> 标记定义。

（3）页面 banner 设成一个 <div>，banner 图片通过 <img> 标记定义。

具体结构如图 2-40 所示。

图 2-40　导航及 banner 模块结构分析

2. 样式分析

（1）页面导航模块设置定宽，水平居中显示，背景颜色为 #8cbb19。

（2）每个列表文本内容水平和垂直方向居中显示，文本颜色为白色，设置右边框，颜色为 #D3D3D3，"网站首页"列表项背景颜色为 #ffa500，最后一个列表项"联系我们"无右边框。

（3）banner 图片与主体页面同宽。

2.4.2　导航和 banner 模块页面制作

1. 搭建结构

打开 index.html 文件，书写页面导航及 banner 模块的代码，具体如下：

```
1.   <!-- 页面导航及 banner 模块 -->
2.   <div id="nav"> <ul>
3.   <li><a href="#"> 网站首页 </a></li>
4.   <li><a href="#"> 家居用品 </a></li>
```

微课：导航和 banner
模块页面制作

```
5.   <li><a href="#"> 简约生活 </a></li>
6.   <li><a href="#"> 收纳整理 </a></li>
7.   <li><a href="#"> 环保工艺 </a></li>
8.   <li><a href="#"> 设计服务 </a></li>
9.   <li><a href="#"> 精装案例 </a></li>
10.  <li><a href="#"> 联系我们 </a></li>
11.  </ul> </div>
12.  <div id="banner"> img src="images/banner.jpg" > </div>
13.  <!-- 页面导航及 banner 模块 -->
```

2. 控制样式

打开样式表文件 index.css 书写 CSS 样式代码，用于控制页面导航及 banner 模块的显示样式，具体如下：

```
1.   /* 页面导航及 banner 模块 */
2.   *nav ul{
3.       Width:1056px;
4.       height: 50px;
5.       overflow: hidden;
6.       background:#8cbb19;}
7.   *nav ul li{
8.       height: 50px;
9.       line-height: 50px;
10.      text-align: center;
11.      border-right: 1px solid #D3D3D3;
12.      float: left; }
13.  *nav ul li a{
14.      width: 131px;
15.      height: 50px;
16.      color: #fff;
17.      font-size: 16px;
18.      font-weight: bold;
19.      float: left;}
20.  *nav ul li a:hover{
21.      color: red;
22.      background: #eee;}
23.  *nav ul li:first-child{
24.      background: #ffa500;}
25.  *nav ul li:last-child{
26.      border-right:none;}
27.  *banner{
28.      width: 1056px;
29.      height: 386px;
30.      margin-bottom: 15px;}
31.  /* 页面导航及 banner 模块 */
```

保存 index.html 与 index.css 文件，刷新页面，效果如图 2-41 所示。

图 2-41　导航和 banner 模块效果

知识总结与拓展

1. ul li:first-child 匹配父元素的第一个子元素，即单独设置第一个列表项的样式。

2. 拓展尝试将中间 banner 图片替换为轮播图效果，以下为一段轮播图参考源码：

```
<!DOCTYPE html>
<html lang="en">
<head>  <meta charset="UTF-8">
<meta name="viewport" content="width=device-width, initial-scale=1.0">
<meta http-equiv="X-UA-Compatible" content="ie=edge">
<title> 轮播 </title>
<style>
  .carousel {
    width: 200 px;
    height: 200 px;
    position: relative;
    left: 400 px;
    top: 100 px;
    overflow: hidden;    }
  .items {
    color: #FFF;
    width: 820 px;
    position: absolute;
    left: 0 px;
    animation: carouselMove 3s infinite;
    animation-direction: normal;
    /*animation-timing-function:easy 规定动画运动的速度 animation-iteration-count:infinite
播放无数次 */
    -webkit-animation: carouselMove 3s infinite;
    -moz-animation-direction: normal;    }
```

```
.items:hover {
  /* 鼠标经过时暂停动画 */
  animation-play-state:paused;    }
.item1，.item2，.item3 {
  width: 200 px;
  height: 200 px;
  float: left;    }
.item1 {
  background-color: #12B7F5;    }
.item2 {
  background-color: #F9B041;    }
.item3 {
  background-color: #CCCCCC;    }
@keyframes carouselMove {
  0% {
    left: 0 px;    }
  35% {
    left: −200 px;    }
  70% {
    left: −400 px;    }
  100% {
    left: −600 px;    }    }
  </style>
</head>
<body>
  <div class="carousel">
    <div class="items">
      <div class="item1"> 轮播图 1</div>
      <div class="item2"> 轮播图 2</div>
      <div class="item3"> 轮播图 3</div>
      <div class="item1"> 轮播图 1</div>
    </div>  </div>
</body></html>
```

实际使用时，只需对应修改 .carousel 类中的 width 和 height 属性（即放置轮播图片的容器大小），.items 类的 width 属性（所有轮播图片的总宽度），@keyframes carouselMove 每次左移变换的宽度为一张轮播图片的宽度。

2.5　项目实战——家居装饰网主页主体模块布局实现

2.5.1　主体模块效果分析

1. 结构分析

（1）页面主体模块由精装案例、简约生活、环保工艺、收纳整理 4 个部分组成。

（2）将页面主体模块的 4 个部分设置并列的 <div> 用来写网页主体内容，其中每个部分内容通过 <ul>、<li>、<a>、<img>、<h2>、<h3>、<div>、<p> 标记来定义。

具体结构如图 2-42 所示。

微课：主体模块页面制作（一）

微课：主体模块页面制作（二）

图 2-42　主体模块结构分析

2. 样式分析

（1）页面主体模块设置定宽，水平居中显示，4 个组成部分内容垂直显示并设置间距。

（2）每个部分内容设置背景颜色为 #dbdbdb，大标题文本设置阴影效果，文本颜色为黑色，部分列表项设置实线边框，颜色为 #8cbb19，部分列表项设置宽实线边框，颜色为 #eee，"更多"超链接文本颜色为 #ff0000。

微课：主体模块页面制作（三）

2.5.2　主体模块页面制作

1. 搭建结构

打开 index.html 文件，书写页面主体模块的代码，具体如下：

微课：主体模块页面制作（四）

```
1.   <!-- 页面主体模块 -->
2.   <!-- 精装案例 -->
3.   <div class="jzal ">
4.   <div class="main-text"><h2> 精装案例 </h2><a href="#"> 更多 &gt;&gt;</a></div>
```

5. <ul><li><a href="#"><img src="images/ 精装案例 1.jpg" alt=" 精装 1">
6. <p> 中式风格精装案例 </p></a></li>
7. <li><a href="#"><img src="images/ 精装案例 2.jpg" alt=" 精装 1">
8. <p> 欧式风格精装案例 </p></a></li>
9. <li><a href="#"><img src="images/ 精装案例 3.jpg" alt=" 精装 1">
10. <p> 现代风格精装案例 </p></a></li>
11. <li><a href="#"><img src="images/ 精装案例 4.jpg" alt=" 精装 1">
12. <p> 日式风格精装案例 </p></a></li>
13. </ul></div>
14. <!-- 精装案例 -->

1. <!-- 简约生活 -->
2. <div class="jysh ">
3. <div class="jysh-pic ">
4. <div class="jysh-left">
5. <div class="jysh-left-case"><a href="#">
6. <img src="images/ 简约生活 1.jpg" alt=" 软装 1"><p> 精致典雅 </p></a> </div>
7. <div class="jysh-left-case"><a href="#">
8. <img src="images/ 简约生活 2.jpg" alt=" 软装 2"><p> 清新淡雅 </p></a> </div>
9. </div><div class="jysh-right"><a href="#">
10. <img src="images/ 简约生活 3.jpg" alt=" 软装 3"><p> 舒适高雅 </p></a></div></div>
11. <div class="main-text"><h2> 简约生活 </h2>
12. <a href="#"> 更多 &gt;&gt;</a></div> </div>
13. <!-- 简约生活 -->

1. <!-- 环保工艺 -->
2. <div class="jzal ">
3. <div class="main-text">
4. <h2> 环保工艺 </h2><a href="#"> 更多 &gt;&gt;</a></div>
5. <ul><li><a href="#"><img src="images/ 环保工艺 1.jpg" alt=" 精装 1">
6. <p> 创意竹纤水杯 </p></a></li>
7. <li><a href="#"><img src="images/ 环保工艺 2.jpg" alt=" 精装 1">
8. <p> 简约布艺沙发 </p></a></li>
9. <li><a href="#"><img src="images/ 环保工艺 3.jpg" alt=" 精装 1">
10. <p> 休闲藤编座椅 </p></a></li>
11. <li><a href="#"><img src="images/ 环保工艺 4.jpg" alt=" 精装 1">
12. <p> 个性折叠纸凳 </p></a></li>
13. </ul></div>
14. <!-- 环保工艺 -->

1. <!-- 收纳整理 -->
2. <div class="snz ">
3. <div class="snzl-pic">
4. <div class="snzl-case"><a href="#"><img src="images/ 收纳整理 1.jpg" alt=" 收纳整理 1">
5. <h3> 日式技巧收纳 </h3> </div>
6. <div class="snzl-case"><a href="#"><img src="images/ 收纳整理 2.jpg" alt=" 收纳整理 2"><h3> 实用铁架收纳 </h3> </a> </div>
7. <div class="snzl-case"><a href="#"><img src="images/ 收纳整理 3.jpg" alt=" 收纳整理 3"><h3> 创意组合收纳 </h3> </a> </div>
8. <div class="snzl-case"><a href="#"><img src="images/ 收纳整理 4.jpg" alt=" 收纳整理 4"><h3> 原木拼接收纳 </h3> </a> </div>
9. <div class="snzl-case"><a href="#"><img src="images/ 收纳整理 5.jpg" alt=" 收纳整理 5"><h3> 美学设计收纳 </h3></a></div></div>
10. <div class="main-text"><h2> 收纳整理 </h2>

11.　<a href="#"> 更多 &gt;&gt;</a>
12.　</div></div>
13.　<!-- 收纳整理 -->

2.　控制样式

打开样式表文件 index.css 书写 CSS 样式代码，用于控制页面主体模块显示样式，具体如下：

```
1.　/* 页面主体模块 */
2.　/* 主体模块的共用标题部分 */
3.　.main-text{
4.　　width: 50px;}
5.　.main-text h2{
6.　　font-size: 36px;
7.　　text-shadow: 3px 3px 5px #777;
8.　　margin-bottom: 2px;}
9.　.main-text a{
10.　font-size: 12px;
11.　color: red;
12.　letter-spacing:-1px;}
13.　.main-text a:hover{
14.　color: #BD0908;}
```

```
1.　/* 精装案例 / 环保工艺 */
2.　.jzal{
3.　　height: 240px;
4.　　box-sizing:border-box;
5.　　padding: 22px 0;
6.　　background: #dbdbdb;
7.　　overflow: hidden;
8.　　margin-bottom: 10px;}
9.　.jzal .main-text{
10.　float: left;
11.　margin-left:30px;}
12.　.jzal ul{
13.　width: 926px;
14.　float: left;
15.　margin-left:46px;}
16.　.jzal ul li{
17.　background: #eee;
18.　float: left;
19.　margin-left: 32px;
20.　border: 1px solid #8cbb19;}
21.　.jzal ul li img{
22.　width: 192px;
23.　height: 174px;}
24.　.jzal ul li p{
25.　height: 24px;
26.　line-height: 24px;
27.　background: #fff;
28.　text-align: center;
29.　letter-spacing: 2px;
30.　font-size: 14px;}
31.　/* 精装案例 / 环保工艺 */
```

```
1.    /* 简约生活 */
2.    .jysh{
3.        height: 338px;
4.        padding: 16px 0;
5.        box-sizing:border-box;
6.        overflow: hidden;
7.        margin-bottom: 10px;
8.        background: #dbdbdb;}
9.    .jysh .main-text{
10.       float: right;
11.       margin-right: 30px;
12.       margin-top: 60px;}
13.   .jysh-pic{
14.       float: left;
15.       margin-left: 50px;}
16.   .jysh-pic p{
17.       background: rgba(0，0，0，0.5);
18.       color: #fff;
19.       width: 220px;
20.       height: 24px;
21.       line-height: 24px;
22.       letter-spacing: 2px;
23.       text-align: center;
24.       position: absolute;
25.       left: 8px;
26.       bottom: 18px;}
27.   .jysh-left{
28.       width: 220px;
29.       float: left;
30.       margin-right: 40px;}
31.   .jysh-left-case{
32.       position: relative;}
33.   .jysh-pic img{
34.       border: 8px solid #eee;
35.       width: 220px;
36.       height: 132px;
37.       margin-bottom: 8px;}
38.   .jysh-right{
39.       float: left;
40.       position: relative;}
41.   .jysh-right p{
42.       width: 586px;
43.       height: 24px;
44.       line-height: 24px;
45.       position: absolute;
46.       left: 8px;
47.       bottom: 18px;}
48.   .jysh-right img{
49.       width: 586px;
50.       height: 288px;}
51.   /* 简约生活 */
```

```
1.    /* 收纳整理 */
2.    .snzl{
3.        height: 170px;
4.        box-sizing:border-box;
5.        background: #eee;
6.        overflow: hidden;
7.        margin-bottom: 10px;}
8.    .snzl .main-text{
9.        float: right;
10.       margin-right:10px;
11.       margin-top: 16px;}
12.   .snzl h2{
13.       font-size: 24px;
14.       width: 30px;}
15.   .snzl-pic{
16.       width: 940px;
17.       float: left;
18.       margin-left: 18px;}
19.   .snzl-case{
20.       width: 160px;
21.       text-align: center;
22.       margin-left: 26px;
23.       float: left;}
24.   .snzl-case img{
25.       width: 160px;
26.       height: 120px;
27.       border: 1px solid #8cbb19;}
28.   .snzl-case h3{
29.       font-size: 14px;}
30.   /* 收纳整理 */
```

保存 index.html 与 index.css 文件，刷新页面，效果如图 2-43 所示。

图 2-43　主体模块效果

知识总结与拓展

1. "text-shadow: h-shadow v-shadow blur color;" 用于为文本设置一个或多个阴影，设置多个阴影时用逗号相隔，其中水平和垂直阴影位置是必选项，允许为负值，阴影模糊距离和阴影颜色是可选项。

2. "父相子绝"（即父元素设置 "position:relative"，子元素设置 "position:absolute"）的用法是为了把脱离文档流的元素放在不脱离文档流（需要占位置）的元素上。关于相对和绝对定位需要了解以下几点：relative 相对定位会在标准流当中占位置；absolute 绝对定位不会在标准流当中占位置；绝对定位一定要有参照物才能相对参照物进行定位；绝对定位是相对于距离它最近的已经定位的祖先元素进行定位。

3. "box-sizing:border-box;" 元素的总高度和宽度包含内边距和边框（padding 与 border）。

2.6　项目实战——家居装饰网主页页脚模块布局实现

2.6.1　页脚模块效果分析

1. 结构分析

（1）页面页脚模块由底部导航和版权信息两个部分组成。

（2）将页脚模块设成一个 <div>，嵌套底部导航和版权信息两个并列的 <div>，底部导航通过 <ul>、<li>、<a> 标记定义，版权信息通过 <p> 标记定义。

具体结构如图 2-44 所示。

图 2-44　页脚模块结构分析

2. 样式分析

（1）页面页脚模块设置定宽，水平居中显示，背景颜色为 #333333，导航文本为白色，其余文本颜色为 #a0a0a0。

（2）底部导航列表项设置右边框，颜色为 #fff，最后一个列表项没有右边框。

2.6.2　页脚模块页面制作

1. 搭建结构

打开 index.html 文件，书写页面页脚模块的代码，具体如下：

```
1.  <!-- 页面页脚模块 -->
2.  <div id="footer"><ul>
3.  <li><a href="#"> 关于尚品 </a></li>
4.  <li><a href="#"> 服务项目 </a></li>
5.  <li><a href="#"> 合作伙伴 </a></li>
6.  <li><a href="#"> 权益保障 </a></li>
7.  <li><a href="#"> 维权投诉 </a></li>
8.  <li><a href="#"> 常见问题 </a></li>
9.  <li><a href="#"> 友情链接 </a></li>
10. <li class="footer-lastli"><a href="#"> 联系我们 </a></li></ul>
11. <div><p> 免责声明：本网站部分内容由用户自行上传，如权利人发现误传其作品情形，请及时与本站联
        系 </p>
12. <p> 网站版权所有  &copy;  尚品装饰  All Right reserved</p>
13. </div></div>
14. <!-- 页面页脚模块 -->
```

2. 控制样式

打开样式表文件 index.css 书写 CSS 样式代码，用于控制页面页脚模块的显示样式，具体
如下：

```
1.  /* 页面页脚模块 */
2.  *footer{
3.      box-sizing: border-box;
4.      width: 1056px;
5.      height: 80px;
6.          text-align: center;
7.      background-color: #333333;
8.      color: #a0a0a0;    }
9.  *footer ul{
10.     overflow: hidden;
11.     padding-top: 16px;
12.     margin-left:116px;
13.     margin-bottom: 4px;
14. *footer li{
15.     width: 102px;
16.     height: 14px;
17.     font-size: 14px;
18.     line-height: 14px;
19.     text-align: center;
20.     border-right: 1px solid #fff;
21.     float: left;}
22. *footer ul li.footer-lastli{
23.     border: 0;}
24. *footer a{
25.     color: #fff;}
26. *footer a:hover{
27.     color: #ccc;}
28. /* 页面页脚模块 */
```

保存 index.html 与 index.css 文件，刷新页面，效果如图 2-45 所示。

图 2-45　页脚模块效果

知识总结与拓展

　　box-sizing: content-box|border-box|inherit。设置元素的总高度和宽度是否包含内边距和边框 (padding 与 border)。默认情况下，元素的宽度 (width) 和高度 (height) 计算方式如下：

　　width(宽度) + padding(内边距) + border(边框) = 元素实际宽度；

　　height(高度) + padding(内边距) + border(边框) = 元素实际高度；

　　当设置"box-sizing: border-box"时，边框和内边距的值是包含在 width 内的。也就是说，如果将一个元素的 width 设为 100 px，那么这 100 px 会包含它的 border 和 padding，内容区的实际宽度是 width 减去 (border + padding) 的值。大多数情况下，这使得我们更容易设定一个元素的宽高（注意：border-box 不包含 margin）。

拓展实践

　　方案：设计制作家居装饰网子页。

　　目标与要求：

　　1. 设计制作 2~3 个子页，网页布局清晰、合理、规范、有创意；

　　2. 色彩搭配协调，文字描述合理，图片显示正确。

◉ 项目小结 ···◉

　　本项目较为详尽地介绍了 CSS 选择器、盒子模型、浮动、定位等实现 PC 端网页布局的知识，通过项目实战的详细讲解，帮助读者深入了解并掌握 PC 端网页界面设计与布局实现的一般过程及方法与技巧。

第2篇

移动端网页界面设计
与布局实现

PIECE TWO

项目3 公益阅读网主页界面设计与布局实现

项目目标

1. 了解移动端网站与 PC 端网站的设计区别；
2. 了解移动端网站设计制作流程；
3. 掌握移动端网页界面设计规范（重点）；
4. 掌握 Photoshop 设计制作移动端网页界面的方法与技巧（重点）；
5. 掌握 HTML5 与 CSS3 制作移动端网页页面的方法与技巧（重点）；
6. 掌握弹性布局等移动端常用布局的使用方法与技巧（重点）。

项目描述

项目主题："品书"公益阅读网主要提供各类国学典籍、文学名著、现代文学小说、励志书籍、热门网络小说、艺术、教育、心理等多种类电子书籍的免费在线阅读，国学经典部分让阅读者感受国学的深厚文化底蕴，文学名著部分品味世界文化书香，心理学部分学会自我调节和与人相处。"品书"公益阅读网让您爱读书、读好书、善读书，美好生活，从读书开始。

项目实施：本项目主要通过 Photoshop、HTML5、CSS3 等进行"品书"公益阅读网主页的移动端网页界面设计与布局实现。主页页面展示网站主题 Logo，提供注册、登录、搜索、导航等主要功能，主推国学经典、文学名著、热门作品等展示内容，以图片为主并配以简要的文字说明，通过页面头部、页面导航、页面 banner 及搜索、页面主体、页面页脚共 5 个模块完成公益阅读网的布局实现，主页效果如图 3-1 所示。

公益阅读网主页界面设计与布局实现源文件

图 3-1　"品书"公益阅读网主页效果

3.1　移动端网页界面设计相关知识

3.1.1 移动端与 PC 端网页界面设计主要区别

1. 用户需求不同

移动端网页设计通常只能展示满足主流用户的常用功能，大体为日常交流与生活所用，所以，移动端的网页设计体现精简原则，页面设计要重点突出，满足客户需求，提升网页浏览的便捷性和画面感，更注重用户体验设计；PC 端网页设计则可以兼顾更多的用户提供更全面的服务，主要用于工作层次，PC 端网页展现的是全面详细的信息，功能更加具体丰富。

2. 视觉浏览比例不同

在进行网页界面设计过程中，PC 端网页界面在 Photoshop 软件中实时浏览的视觉效果与前端布局实现的静态网页页面的实时效果基本上保持视觉一致，即 PC 端视觉浏览比例与前端静态网页显示比例基本为 1∶1；而移动端网页界面在 Photoshop 软件中实时看到的视觉效果与真正在移动设备展示的网页效果尺寸则有较大差距，一般移动端网页界面的视觉设计稿尺寸都是 2 倍图或 3 倍图。

3. UI 信息架构不同

移动端网页 UI 信息架构特点：界面布局简单且多为纵向维度；容纳信息有限，只能展现最核心的信息，其他辅助信息须采用折叠、删除等方式隐藏。

PC 端 UI 信息架构的特点：界面布局一般是二维的，既有纵向维度也有有横向维度，但大部分以横向维度为主；容纳信息相对较多，但要注意信息层级展示规则。

4. UI 样式结构不同

移动端 UI 样式结构的特点：移动端使用手指交互，因此，移动端元素排布相对松散，元素尺寸稍大；不使用大量元素密集排布；界面元素对齐方式相对多样；设计更加扁平。

PC 端 UI 样式结构的特点：PC 端操作空间大，元素排布可紧凑或密集，元素的尺寸可以做得比较小；元素多做对齐处理。

3.1.2　移动端网页界面设计参考规范

1. 视觉设计稿尺寸

移动端网页界面设计时，首先选取一款手机的屏幕宽高作为基准，对于 retina 屏幕（如 dpr=2），为了达到高清效果，视觉稿的画布大小会是基准的 2 倍，以 iPhone 6 为例，在 Photoshop 软件中做设计时，以 750 px × 1 334 px 大小做 2 倍视觉设计稿。

手机端网页设计尺寸比较繁多，包括 iOS 和安卓，没有固定的统一标准，常见的有 750 px × 1 334 px、1 080 px × 1 920 px 等多种视觉设计稿尺寸。

2. 字体

移动端布局时一般使用系统默认字体或无衬线字体，各个手机系统有自己的默认字体，如无特殊需求，手机端无须定义中文字体，使用系统默认即可；英文字体和数字字体可使用 Helvetica，三种手机系统都支持。在视觉设计稿中，字体建议使用华文黑体、冬青黑体等，以 px 统一进行标注，一个页面中不使用三种以上字体，不建议中英文混排；字体大小的设计应参考屏幕大小，建议不小于 18 px，使用偶数字号大小；字体加粗应主要应用于标题、头条和链接等，其他均使用常规字体。

3. 颜色

色彩规范一般是注重"品牌色、辅助色、点缀色、状态色、背景色"的色值和使用范围，颜色使用要体现一致性的视觉效果和外观样式；设计中常用中性色和亮色组合，一般要用自己的品牌颜色为网站主色，再用其他适配的辅助色；使用不同的辅助色和图像在视觉上区分相似内容，同一页中不要使用过多颜色。

4. 图片

不同比例的图片所传达的信息不尽相同，常用的图片比例基本都是 1∶1、4∶3、16∶9 等。图片比例 1∶1 常用于产品头像、商品主图、特写图片，目的是为了凸显主体存在感，在电商网站中比较常见；图片比例 4∶3 常用于作品封面、文章首图，但设计布局占用空间较大；图片比例 16∶9 多用于横向构图，是应用非常广泛的一种尺寸，在视频、直播、网页 banner 图中很常见；图片格式应该是 JPEG、GIF 或 PNG 等轻量级格式，尽量压缩大小。

5. 常用移动端界面布局方式

（1）列表式布局。

①特点：纵向长度没有限制，上下滑动可查看无限内容；视觉上整齐美观，用户接受度很高，可以展示全部内容和次级内容的标题。

②使用场景：常用于并列元素的展示，包括目录、分类、内容等，效果如图 3-2 所示。

（2）宫格式布局。

①特点：入口展示清晰，方便快速查找；扩展性好，便于组合不同的信息类型。

②使用场景：适合展示较多入口，且各模块相对独立，效果如图 3-3 所示。

图 3-2　列表式布局　　　　　　　　　　　图 3-3　宫格式布局

（3）卡片布局。

①特点：每个卡片信息承载量大，转化率高；每张卡片的操作互相独立，互不干扰；每个卡片页面空间的消耗大，一屏可展示信息少，用户操作负荷高。

②使用场景：适合以图片为主、单一内容浏览型的展示，效果如图 3-4 所示。

（4）瀑布流布局。

①特点：瀑布流图片展现具有吸引力；瀑布流里的加载模式能获得更多的内容，容易沉浸其中；瀑布流错落有致的设计巧妙利用视觉层级，同时视线任意流动缓解视觉疲劳；但页面跳转后需要从头开始，加载量不固定，理论上是无限延展，用户返回查找信息困难很大。

②使用场景：适用于实时内容频繁更新的情况，效果如图 3-5 所示。

图 3-4　卡片式布局　　　　　　　　　　　图 3-5　瀑布流布局

（5）Gallery 布局。

①特点：单页面内容整体性强，聚焦度高；线性的浏览方式有顺畅感、方向感；可显示的数量有限，需要用户探索；不具有指向性查看页面，必须按顺序查看页面。

②使用场景：适合数量少，聚焦度高，视觉冲击力强的图片展示，效果如图 3-6 所示。

（6）多面板布局。

①特点：减少界面跳转；分类一目了然；但两栏设计使界面比较拥挤；且分类很多时，左侧滑

动区域过窄，且不利于单手操作。

②使用场景：适合分类多并且内容需要同时展示，效果如图 3-7 所示。

图 3-6　Gallery 布局　　　　　　　　　　　图 3-7　多面板布局

3.2　项目实战——公益阅读网主页界面设计

结合移动端网页界面设计相关理论知识，本节将完成公益阅读网主页界面设计实际项目案例。在完成主页界面的设计与制作过程中，加深对移动端网页界面设计与制作方法的理解与掌握。

3.2.1　头部和页脚模块界面设计

（1）打开 Photoshop 软件，新建移动端 web 文档，宽度为 750 px，高度为 2 186 px，分辨率为 72 ppi。

（2）用参考线先将画布进行分割。页面头部高 84 px，页面导航高 72 px，页面 banner 高 234 px，页面搜索高 80 px，页面主体高 1 630 px，页面页脚高 86 px，页面主体分成四个部分，高度依次为 752 px、296 px、296 px、256 px，在垂直方向每两个部分间相隔间距 10 px，填充页面主体背景色 #f5f5f5（为了对比明显，操作时可增加一个填充其他颜色的图层暂时作为背景层使用），使用"华文细黑"字体，效果如图 3-8 所示。

（3）制作头部模块。创建"头部模块"图层组，置入预先准备好的 Logo 图片素材，调整宽高大小为 308 px 和 58 px，水平靠左垂直居中；使用"文本"工具输入文本，大小为 28 px，颜色为 #666，水平靠右垂直居中；使用"直线"工具在文字中间绘制竖线，颜色为 #bfbfbf，线条粗细为 2 px，效果如图 3-9 所示。

微课：头部和页脚模块界面设计

图 3-8 分割画布   图 3-9 头部模块设计效果

（4）制作页脚模块。创建"页脚模块"图层组，使用"文本"工具分别输入两行文本内容，文字大小为 28 px，颜色为黑色，水平和垂直居中，效果如图 3-10 所示。

关于我们   客户端   电脑版   帮助   反馈
copyright©品书公益阅读网2019-2022

图 3-10 页脚模块设计效果

拓展实践

方案：以全民读书、在线读书、读好书、好读书为主题设计制作读书网 Logo。

目标与要求：

1. 了解常见读书网站主题与功能，Logo 设计要体现网站主题；

2. Logo 设计要简练，可体现网站宣传语。

3.2.2 导航模块界面设计

（1）制作导航模块。创建"导航模块"图层组，使用"矩形"工具绘制导航栏区域背景色，宽度为 750 px，高度为 72 px，填充颜色为 #55 aeac；输入导航栏文本内容，文字大小为 36 px，颜色为 #ffffff，水平和垂直居中。

（2）继续制作导航模块。使用"矩形"工具绘制"首页"区域背景色，宽度为 128 px，高度为 72 px，填充色为 #ffa500，效果如图 3-11 所示。

首页 国学 名著 分类 书架

图 3-11 导航模块设计效果

3.2.3 banner 和搜索模块界面设计

（1）制作 banner 和搜索模块。创建"banner 和搜索模块"图层组，置入预先准备好的 banner 图片素材，调整宽高大小为 750 px 和 234 px；使用"圆角矩形"工具绘制搜索框，宽度为 702 px，高度为 56 px，设置圆角半径为 28 px，填充颜色为白色，水平和垂直居中。

（2）继续制作 banner 和搜索模块。使用"文本"工具输入搜索框提示文本内容，文字大小为 36 px，颜色为 #7c7c7c，搜索框内水平靠左垂直居中（距离搜索框左侧边缘留有一定间距）；置入预先准备好的搜索图片素材，调整宽高大小为 48 px，搜索框内水平靠右垂直居中，效果如图 3-12 所示。

请输入书名、作者、分类...

图 3-12 banner 和搜索模块设计效果

拓 展 实 践

　　方案：以国学经典、文学名著、心理健康等为主题重新设计制作读书网 banner 图片。

　　目标与要求：

　　1. 了解并搜集国学、名著和心理方面素材，banner 设计要体现网站主题，图片精美、文字简练、注意细节；

　　2. banner 设计制作过程规范，提升表达力、设计感和关注率。

3.2.4　主体模块界面设计

微课：主体模块界面
设计（一）

（1）制作主体模块"编辑推荐"部分。增加参考线，使标题占高 56 px，每行图文占高 232 px；创建"编辑推荐"图层组，使用"矩形"工具绘制"编辑推荐"部分区域背景，宽度为 750 px，高度为 752 px，填充颜色为白色；使用"文本"工具输入标题文本"编辑推荐"，设置字体加粗，文字大小为 32 px，颜色为黑色，继续输入文本"更多 >"，不加粗，其他参数同上；使用"圆角矩形"工具在标题文本前面绘制竖线，颜色为 #e95e56，宽度为 8 px，高度为 42 px，圆角为 4 px；置入预先准备好的推荐图书图片素材，调整高度为 220 px，位置靠左。

（2）继续制作主体模块"编辑推荐"部分。使用"文本"工具输入文本"菜根谭"，设置字体加粗，文字大小为 32 px，颜色为黑色；输入书籍介绍内容，文字大小为 28 px，颜色为黑色；使用"圆角矩形"工具绘制下面文本背景色，颜色为 #d1acd8，宽度为 116 px，高度为 52 px，圆角为 10 px；输入文本"国学经典"，文字大小为 28 px，颜色为白色。

（3）继续制作主体模块"编辑推荐"部分。置入预先准备好的推荐图书图片素材，调整高度为 220 px，位置靠左；复制第一行所有文本内容，分别粘贴到第二行和第三行指定位置，修改文本内容并排列对齐，效果如图 3-13 所示。

图 3-13　"编辑推荐"部分设计效果

微课：主体模块界面
设计（二）

（4）制作主体模块"国学经典"部分。增加参考线，使标题占高 56 px，图文占高 240 px；创建"国学经典"图层组，使用"矩形"工具绘制"国学经典"部分区域背景，宽度为 750 px，高度为 296 px，填充颜色为白色；直接复制标题行的"编辑推荐""更多 >"及圆角矩形三个图层，修改文本内容并调整到对应位置；置入预先准备好的国学图书图片素材，调整高度大小为 184 px，所有图片水平居中分布（离左右两侧要留有一定间距）；使用"文本"工具在图片下方输入书名文本内容，颜色为黑色，文字大小为 28 px，并与图片进行对齐，效果如图 3-14 所示。

图 3-14　"国学经典"部分设计效果

（5）制作主体模块"文学名著"部分。增加参考线，使标题占高 56 px，图文占高 240 px；复制除图片外的"国学经典"图层组中所有内容，重新置入文学名著图片素材，调整高度大小为 184 px，修改文本内容，效果如图 3-15 所示。

图 3-15　"文学名著"部分设计效果

（6）制作主体模块"热门作品"部分。增加参考线，使标题占高 56 px，每行文本占高 50 px；创建"热门作品"图层组，使用"矩形"工具绘制"热门作品"部分区域背景，宽度为 750 px，高度为 256 px，填充颜色为白色；直接复制标题行的"编辑推荐""更多 >"及圆角矩形 3 个图层，修改文本内容并调整到对应位置；使用"文本"工具输入第一行作品文本内容，大小为 28 px，颜色为黑色；使用"直线"工具在文本下面绘制水平直线，颜色为 #bfbfbf，线条粗细为 2 px，复制第一行文本，分别粘贴到第 2～4 行，修改文本内容，效果如图 3-16 所示，完整主页效果如图 3-1 所示。

微课：主体模块界面设计（三）

热门作品　　　　　　　　　　　　　更多>

[长篇仕途小说] 首席医官	>
[盗墓题材小说] 盗墓笔记	>
[古董百科小说] 古董局中局	>
[侦探推理小说] 恶意	>

图 3-16　"热门作品"部分设计效果

（拓）（展）（实）（践）

　　方案：多学习、借鉴相关读书网站，增加或修改主体模块部分内容。

　　目标与要求：

　　1. 增加或修改部分整体风格要统一、排版与布局合理、色彩和谐美观；

　　2. 使用的图片或文本素材可体现青春、活力、梦想等正能量，不可使用违规素材。

3.3.1　头部模块效果分析

1. 结构分析

（1）页面头部模块由 Logo 图片、注册和登录文本、竖线组成。

（2）页面头部模块通过 <header> 标记定义，里面嵌套两个并列的 <div>，第一个 <div> 用来写 Logo 图片，其中 Logo 图片通过 <img>、<a> 标记来定义，第二个 <div> 用来写注册和登录文本内容，通过 <a> 标记定义。

具体结构如图 3-17 所示。

图 3-17　头部模块结构分析

2. 样式分析

（1）整个页面头部模块设置 flex 布局，水平方向为主轴，元素按行排列，背景颜色为 #f5f5f5。

（2）Logo 图片在主轴上靠左排列，注册和登录内容在主轴上靠右排列。

（3）注册和登录中间设置边框，边框颜色为 #bfbfbf，文本颜色为 #666。

3.3.2　头部模块页面制作

微课：头部模块页面
制作

新建公益阅读网站点文件夹，内部包含 images 文件夹用来存放素材图片，CSS 文件夹用来存放样式表文件 style.css、index.css，主页文件 index.html 。

1. 搭建结构

打开 index.html 文件，书写 html 基本结构和页面头部模块的代码，具体如下：

```
1.    <!DOCTYPE html>
2.    <html lang="en">
3.    <head>
4.    <meta charset="UTF-8">
5.    <meta name="viewport"
6.    content="width=device-width, initial-scale=1, maximum-scale=1, minimum-scale=1, user-scalable=no">
7.    <link href="css/index.css" type="text/css" rel="stylesheet">
8.    <title> 主页 </title></head>
9.    <body>
10.   <!-- 页面头部模块 -->
11.   <header class=" module-header">
12.   <div class="logo">
13.   <a href="#" > <img class="logo" src="images/logo1.png"></a></div>
14.   <div class="right">
15.   <a class="login"     href="#"> 注册 </a>
16.   <a class="login"     href="#"> 登录 </a>
```

```
17.  </div></header>
18.  <!-- 页面头部模块 -->
```

2.　控制样式

打开样式表文件 style.css 书写 CSS 样式代码，用于初始化和控制页面头部模块，具体如下：

```
1.   /* 通用样式初始化 */
2.   html { font-size: 10px;}
3.   * { padding: 0;  margin: 0;}
4.   body { color: #111;
5.        font-size: 1.4rem;
6.        background: #f6f7f9;}
7.   img {
8.        border: 0;
9.        width: 100%;
10.       height: 100%;}
11.  a { color: #111;  text-decoration: none;}
12.  ul， li { list-style: none;}
13.  .flex， .flex-1 {  flex: 1 !important;}
14.  .flex-2 {  flex: 2 !important;}
15.  .flex-3 {  flex: 3 !important;}
16.  .flex-none {  flex: none !important;}
```

打开样式表文件 index.css 书写 CSS 样式代码，在文件第一行书写 @import "style.css"; 导入 style.css 样式表文件，用于控制页面头部模块的显示样式，具体如下：

```
1.   @import "style.css";
2.   /* 页面共用部分 */
3.   .module {
4.        padding: 0 1.2rem;
5.        margin-top: 0.6rem;
6.        background: #fff;}
7.   /* 页面头部模块 */
8.   .module-header {
9.        display: flex;
10.       flex-direction: row;
11.       height:4.2rem;
12.       background: #f5f5f5;}
13.  .module-header .logo， .right {
14.       display: flex;
15.       flex: 1;
16.       align-items: center;
17.       justify-content: flex-start;}
18.  .module-header .logo{
19.       height: 3rem;
20.       Padding-top:.2rem;
21.       width: 13.2rem;}
22.  .module-header .right {
23.       justify-content: flex-end;}
24.  .right .login {
25.       border-left: 1px #bfbfbf solid;
26.       margin-left: .6rem;
27.       color: #666;
28.       padding-left: .6rem;}
29.  .right  a:first-child{
30.       border-left: none;}
31.  /* 页面头部模块 */
```

保存 index.html 与 index.css 文件，刷新页面，效果如图 3-18 所示。

图 3-18   头部模块效果

（知识总结与拓展）

flex 属性是 flex-grow、flex-shrink、flex-basis 三个属性的缩写，推荐使用此简写属性。

（1）flex 属性的默认值为：0 1 auto（不放大会缩小）。

（2）flex 为 none：0 0 auto （不放大也不缩小）。

（3）flex 为 auto：1 1 auto （放大且缩小）。

（4）可以发现，flex-grow 和 flex-shrink 在 flex 属性中不规定值则为 1，flex-basis 为 0%。

（5）flex：1 即为 "flex-grow：1"，经常用作自适应布局，将父容器设为 display：flex，侧边栏大小固定后，将内容区设为 flex：1，内容区则会自动放大占满剩余空间。

3.4   项目实战——公益阅读网主页导航模块布局实现

3.4.1   导航模块效果分析

1. 结构分析

（1）页面导航模块由首页、国学、名著、分类、书架 5 个列表项目组成。

（2）页面导航模块通过 <nav> 标记定义，里面嵌套一个 <ul>，其中每个列表项通过 <li>、<a> 标记定义。

具体结构如图 3-19 所示。

图 3-19   导航模块结构分析

2. 样式分析

（1）页面导航模块设置 flex 弹性布局，水平方向为主轴，垂直居中，背景颜色为 #39adac，整个导航设置左右内边距。

（2）每个列表项文本内容设置了上下内边距，水平和垂直方向居中显示，文本颜色为白色，"首页" 列表项背景颜色为 #ffa500。

3.4.2　导航模块页面制作

1. 搭建结构

打开 index.html 文件，书写页面导航模块的代码，具体如下：

```
1.  <!-- 页面导航模块 -->
2.  <nav><ul class="module-nav">
3.  <li class="flex-1"><a class="n-li n-li-selected" href="#"> 主页 </a></li>
4.  <li class="flex-1"><a class="n-li" href="#"> 国学 </a></li>
5.  <li class="flex-1"><a class="n-li" href="#"> 名著 </a></li>
6.  <li class="flex-1"><a class="n-li" href="#"> 分类 </a></li>
7.  <li class="flex-1"><a class="n-li" href="#"> 书架 </a></li>
8.  </ul></nav>
9.  <!-- 页面导航模块 -->
```

2. 控制样式

打开样式表文件 index.css 书写 CSS 样式代码，用于控制页面导航模块，具体如下：

```
1.  /* 页面导航模块 */
2.  .module-nav {
3.      display: flex;
4.      flex-direction: row;
5.      align-items: center;
6.      height:3.6rem;
7.      background: #39adac;
8.      padding: 0 1.2rem}
9.  .module-nav .n-li {
10.     text-align: center;
11.     display: block;
12.     color: #ffffff;
13.     font-size: 2.0rem;
14.     height:3.6rem;
15.     line-height:3.6rem;}
16. .module-nav .n-li-selected {
17.     background-color: #e95e56;}
18. /* 页面导航模块 */
```

保存 index.html 与 index.css 文件，刷新页面，效果如图 3-20 所示。

图 3-20　导航模块效果

知识总结与拓展

1. align-items 和 align-self：设置弹性盒子元素在垂直方向上（纵轴）的对齐方式。其中，align-items 属性用于弹性容器，而 align-self 用于弹性项目，作用对象不同。

2. justify-content：定义项目在主轴方向上的对齐方式。flex-start(默认值) 表示向左对齐；flex-end 表示向右对齐；center 表示居中对齐；space-between 表示两端对齐（每一个子元素等距离间隔；子元素与容器边框无间隔）；space-around 表示每个子元素两侧的间隔相等（子元素之间的间隔比子元素与容器边框的间隔大一倍）。

3.5　项目实战——公益阅读网主页 banner 和搜索模块布局实现

3.5.1　banner 和搜索模块效果分析

1. 结构分析

（1）页面 banner 和搜索模块由 banner 图片和搜索框两个部分组成。

（2）banner 图片通过 <article>、<img> 标记来定义。

（3）搜索框通过 <article>、<input> 标记来定义。

具体结构如图 3-21 所示。

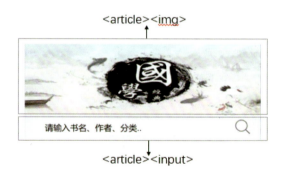

图 3-21　banner 和搜索模块结构分析

2. 样式分析

（1）页面 banner 及搜索模块中的 banner 图片和搜索框分别定义为 flex 弹性布局，水平轴为主轴，图片与设备同宽显示。

（2）搜索框水平垂直居中，设置无边框、圆角、左内边距，背景颜色和背景图片。

3.5.2　banner 和搜索模块页面制作

1. 搭建结构

打开 index.html 文件，书写页面 banner 及搜索模块的代码，具体如下：

1.　　<!-- 页面 banner 及搜索框模块 -->
2.　　<article class="module-slide">
3.　　<img class="imgitem"src="images/banner.png">
4.　　</article>
5.　　<article class="module module-search">
6.　　<input type="text" name="ss" value=" 请输入书名、作者、分类 ..">
7.　　</article>
8.　　<!-- 页面 banner 及搜索框模块 -->

2.　控制样式

打开样式表文件 index.css 书写 CSS 样式代码，用于控制页面 banner 及搜索模块，具体如下：

1.　　* 页面 banner 及搜索框模块 */
2.　　.module-slide {
3.　　　　display: flex;
4.　　　　flex-direction: row;}
5.　　.module-slide .imgitem{
6.　　　　flex: 1;
7.　　　　height: calc(100vw * 5 / 16);}
8.　　.module-search{
9.　　　　background: #f5f5f5;
10.　　　display: flex;
11.　　　flex-direction: row; }
12.　.module-search input{
13.　　　flex: 1;
14.　　　width: 80vw;
15.　　　height: 2.8rem;
16.　　　border: none;
17.　　　border-radius: 30px;
18.　　　padding-left: 2rem;
19.　　　margin: .6rem 0;
20.　　　background: url('../images/search.png') rgba(255，255，255，1.0)
21.　　　no-repeat right center;
22.　　　background-size: 2.4rem 2.4rem ;
23.　　　background-blend-mode: multiply; }
24.　/* 页面 banner 及搜索框模块 */

保存 index.html 与 index.css 文件，刷新页面，效果如图 3-22 所示。

图 3-22　banner 和搜索模块效果

知识总结与拓展

　　1. background-blend-moden 属性：背景的混合模式。可以是背景图片与背景图片的混合，也可以是背景图片和背景色之间的混合。可以取值 normal（默认）、multiply（乘）、screen（屏幕）、overlay（覆盖）等。

　　2. calc( ) 函数用一个表达式作为参数，用表达式的结果作为值。表达式的运算对象可以使用任意长度值，并且可以混用 (px/em)，也可以通过小括号 ( ) 来调整计算顺序。表达式中可以使用 +|-|*|/ 操作符来操作运算对象来得到结果。需要注意，运算符 + 和 - 的两边必须要有空白字符，否则为无效值，虽然运算符 * 和 / 不要求，但是为了统一，最好也加上空格。

3.6　项目实战——公益阅读网主页主体模块布局实现

3.6.1　主体模块效果分析

1. 结构分析

　　（1）页面主体模块由编辑推荐、国学经典、文学名著、热门作品 4 个部分组成。

　　（2）每个部分通过 <article>、<div>、<h3>、<h4>、<a>、<img>、<p>、<span>、<i> 标记来定义。具体结构如图 3-23 所示。

图 3-23　主体模块结构分析

2. 样式分析

　　（1）页面主体模块中"编辑推荐"部分整体定义为 flex 弹性布局，按列显示。

　　（2）"编辑推荐"标题行定义为 flex 弹性布局，按行显示，设置边框圆角、颜色为 #e95e56，文本"更多 >>"靠右显示。

　　（3）"编辑推荐"部分的三行图文整体定义为 flex 弹性布局，按列显示，其中每一行再定义为 flex 弹性布局，按行显示，分成左、右两侧显示，左侧显示图片，右侧显示文本，再将右侧文本部分定义为 flex 弹性布局，按列显示，第三行文本的矩形背景设置圆角效果、文本颜色为 #fff，背景色为 ##d1acd8，每行图文设置下边框，颜色为 ##f5f5f5。

　　（4）"国学经典"和"文学名著"两个部分内容使用相同的样式定义，图文整体定义为 flex 弹性布局，按行显示，两端对齐，其中每一列图文内容定义为 flex 弹性布局，按列显示，标题行样式定义同"编辑推荐"的标题样式定义。

（5）"热门作品"部分整体定义为 flex 弹性布局，按列显示，各行定义为按行弹性显示，水平两端对齐，垂直居中，颜色设置为 #ccc。

3.6.2　主体模页面块制作

1. 搭建结构

打开 index.html 文件，书写页面主体模块的代码，具体如下：

微课：主体模块页面
制作（一）

微课：主体模块页面
制作（二）

微课：主体模块页面
制作（三）

```
1.   <!-- 页面主体模块 -->
2.   <main>
3.   <!-- 编辑推荐 -->
4.   <article class="module module-tuijian">
5.   <div class="m-title"><i class="m-title-icon"></i>
6.   <h3 > 编辑推荐 </h3><span> 更多 &gt</span></div>
7.   <div class="m-list"><div class="m-list-row"><div class="m-list-row-pic">
8.   <a href="#"><img src="images/ 编辑推荐 1.jpg"></a></div>
9.   <div class="m-list-row-right">
10.  <h3 > 菜根谭 </h3>
11.  <p > 糅合儒家中庸、释家出世和道家无为等思想，对于人的正心修身、养性育德，有不可思议的潜移
         默化的力量…</p>
12.  <div class="m-list-row-right-3"><i> 国学经典 </i></div></div></div>
13.  <div class="m-list-row"><div class="m-list-row-pic">
14.  <a href="#"><img src="images/ 编辑推荐 2.jpg"></a></div>
15.  <div class="m-list-row-right"><h3 > 假如给我三天光明 </h3>
16.  <p > 文章讲述了海伦的求学生涯和丰富多彩的生活，告诫身体健全的人们应珍惜生命，珍惜当下所拥
         有的一切…</p>
17.  <div class="m-list-row-right-3"><i> 世界名著 </i></div></div></div>
18.  <div class="m-list-row"><div class="m-list-row-pic">
19.  <a href="#"><img src="images/ 编辑推荐 3.jpg"></a></div>
20.  <div class="m-list-row-right"><h3 > 乌合之众 </h3>
21.  <p > 阐述群体心理的特征，一个孤立的个体时，有着自己鲜明的个性化特征，当这个人融入群体后，
         思想会被群体的思想所取代…</p>
22.  <div class="m-list-row-right-3"><i> 社会心理 </i></div></div></div></div>
23.  </article>
24.  <!-- 编辑推荐 -->
```

```
1.   <!-- 国学经典 -->
2.   <article class="module module-guoxue">
3.   <div class="m-title"><i class="m-title-icon"></i>
4.   <h3 > 国学经典 </h3><span> 更多 &gt</span></div>
5.   <div class="m-list"><div class="m-row">
6.   <a class="m-row-li"><img class="m-row-li-pic" src="images/ 国学经典 1.jpg">
7.   <span class="mm-row-li-text"> 增广贤文 </span></a>
8.   <a class="m-row-li"><img class="m-row-li-pic" src="images/ 国学经典 2.jpg">
9.   <span class="mm-row-li-text"> 史记 </span></a>
10.  <a class="m-row-li"><img class="m-row-li-pic" src="images/ 国学经典 3.jpg">
11.  <span class="mm-row-li-text"> 庄子 </span></a>
12.  </div></article>
13.  <!-- 国学经典 -->
```

```
1.   <!-- 文学名著 -->
2.   <article class="module module-guoxue">
3.   <div class="m-title"><i class="m-title-icon"></i>
4.   <h3 > 文学名著 </h3><span> 更多 &gt</span></div>
5.   <div class="m-list"><div class="m-row">
6.   <a class="m-row-li"><img class="m-row-li-pic" src="images/ 文学名著 1. jpg">
7.   <span class="mm-row-li-text"> 呼啸山庄 </span></a>
8.   <a class="m-row-li"><img class="m-row-li-pic" src="images/ 文学名著 2. jpg">
9.   <span class="mm-row-li-text"> 复活 </span></a>
10.  <a class="m-row-li"><img class="m-row-li-pic" src="images/ 文学名著 3. jpg">
11.  <span class="mm-row-li-text"> 巴黎圣母院 </span></a>
12.  </div></article>
13.  <!-- 文学名著 -->
```

```
1.   <!-- 热门作品 -->
2.   <article class="module module-hot">
3.   <div class="m-title"><i class="m-title-icon"></i>
4.   <h3 > 热门作品 </h3><span> 更多 &gt</span></div>
5.   <div class="m-list">
6.   <a href="#" class="m-list-a">
7.   <h4 class="m-list-a-title">[ 长篇仕途小说 ] 首席医官 </h4>
8.   <i class="m-list-a-more"> > </i></a>
9.   <a href="#" class="m-list-a">
10.  <h4 class="m-list-a-title">[ 盗墓题材小说 ] 盗墓笔记 </h4>
11.  <i class="m-list-a-more"> > </i></a>
12.  <a href="#" class="m-list-a">
13.  <h4 class="m-list-a-title">[ 古董百科小说 ] 古董局中局 </h4>
14.  <i class="m-list-a-more"> > </i></a>
15.  <a href="#" class="m-list-a">
16.  <h4 class="m-list-a-title">[ 侦探推理小说 ] 恶意 </h4>
17.  <i class="m-list-a-more"> > </i></a>
18.  </div></article>
19.  <!-- 热门作品 -->
20.  </main>
21.  <!-- 页面主体模块 -->
```

2. 控制样式

打开样式表文件 index.css 书写 CSS 样式代码，用于控制页面主体模块的显示样式，具体如下：

```
1.   /* 页面主体模块 */
2.   /* 编辑推荐 */
3.   .module-tuijian {
4.       display: flex;
5.       flex-direction: column;}
6.   .module-tuijian .m-title,  .module-guoxue .m-title,  .module-hot .m-title {
7.       display: flex;
8.       flex-direction: row;
9.       flex: 1;
10.      padding: .5rem 0;}
11.  .module-tuijian .m-title .m-title-icon,  .module-guoxue .m-title .m-title-icon,  .module-hot .m-title .m-title-icon {
12.      background: #e95e56;
13.      width: .4rem;
14.      border-radius: .4rem;
15.      margin-right: .8rem;}
```

16.　.module-tuijian .m-title span，.module-guoxue .m-title span，.module-hot .m-title span{
17.　　margin-left:auto;}
18.　.module-tuijian .m-list，.module-hot .m-list {
19.　　display: flex;
20.　　flex-direction: column;
21.　　flex: none;}
22.　.module-tuijian .m-list-row，.module-hot .m-list-row {
23.　　flex: 1;
24.　　display: flex;
25.　　flex-direction: row;
26.　　margin-bottom: 0.2rem;
27.　　border-bottom: 1px solid #f5f5f5;
28.　　padding-bottom: .2rem;}
29.　.module-tuijian .m-list-row-pic，.module-hot .m-list-row-pic{
30.　　margin-right: 1.2rem;
31.　　flex: 1;
32.　　height: calc((100vw / 5- 0.2rem) * 4.5 / 3);}
33.　.module-tuijian .m-list-row-right，.module-hot .m-list-row-right {
34.　　flex: 3;
35.　　display: flex;
36.　　flex-direction: column;}
37.　.module-tuijian .m-b-name，.module-hot .m-b-t-w-name {
38.　　flex: none;
39.　　margin-bottom: .5rem;}
40.　.module-tuijian p，.module-hot p {
41.　　font-size: 1.2rem;
42.　　color: #666;
43.　　flex: 1;}
44.　.module-tuijian .m-list-row-right-3，.module-hot .m-list-row-right-3 {
45.　　flex: none;
46.　　display: flex;
47.　　align-items: center;}
48.　.module-tuijian .m-list-row-right-3 i，.module-hot .m-list-row-right-3 i {
49.　　padding: .5rem;
50.　　color: #fff;
51.　　background: #d1acd8;
52.　　font-style: normal;
53.　　font-size: 1rem;
54.　　border-radius: .4rem;
55.　　margin-right: .5rem;}
56.　/* 编辑推荐 */

1.　/* 国学经典 */
2.　.module-guoxue .m-list，.module-guoxue .m-row {
3.　　flex-basis: 100%;
4.　　display: flex;
5.　　flex-direction: row;
6.　　flex-wrap: wrap;
7.　　justify-content: space-between;}
8.　.module-guoxue .m-row {
9.　　margin-bottom: .2rem;}
10.　.module-guoxue .m-row-li {
11.　　text-align: center;
12.　　display: flex;
13.　　flex-direction: column;}
14.　.module-guoxue .m-row-li-pic {
15.　　flex: 1;
16.　　height: calc((100vw / 6- 0.2rem) * 4.5 / 3);}

```
17.  .module-guoxue .m-row-li-text {
18.      margin-top: .5rem;}
19.  /* 国学经典 */
```

```
1.   /* 热门作品 */
2.   .module-hot {
3.       display: flex;
4.       flex-direction: column;}
5.   .module-hot .m-list .m-list-a {
6.       display: flex;
7.       justify-content: space-between;
8.       border-bottom: 1px solid #ccc;
9.       align-items: center;
10.      padding-bottom: .2rem;
11.      margin-bottom: .2rem}
12.  .module-hot .m-list-a-title {
13.      flex: none;}
14.  .module-hot .m-list-a-more {
15.      font-size: 1.6rem;}
16.  /* 热门作品 */
```

保存 index.html 与 index.css 文件，刷新页面，效果如图 3-24 所示。

图 3-24 主体模块效果

知识总结与拓展

1. margin-left:auto 使元素靠右对齐。

2. flex 属性相关用法：

（1）flex 为一个非负数字 n：该数字为 flex-grow 的值，flex: n; = flex-grow: n; flex-shrink: 1; flex-basis: 0%。

（2）flex 为两个非负数字 n1, n2：分别为 flex-grow 和 flex-shrink 的值，flex: n1 n2 = flex-grow: n1; flex-shrink: n2; flex-basis: 0%。

（3）flex 为一个长度或百分比 L：视为 flex-basis 的值，flex: L=flex-grow: 1; flex-shrink: 1; flex-basis: L。

（4）flex 为一个非负数字 n 和一个长度或百分比 L：分别为 flex-grow 和 flex-basis 的值，flex: n L; = flex-grow: n; flex-shrink: 1; flex-basis: L。

3.7　项目实战——公益阅读网主页页脚模块布局实现

3.7.1　页脚模块效果分析

1. 结构分析

（1）页面页脚模块由底部导航和版权信息两个部分组成。

（2）页面页脚模块整体通过 <footer> 标记定义，底部导航通过 <ul>、<li>、<a> 标记定义。

（3）版权信息通过 <p> 标记定义。

具体结构如图 3-25 所示。

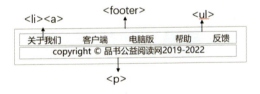

图 3-25　页脚模块结构分析

2. 样式分析

（1）页面页脚模块文本内容水平居中显示。

（2）底部导航设置 flex 弹性布局，各个列表项主轴方向分散对齐。

3.7.2　页脚模块页面制作

1. 搭建结构

打开 index.html 文件，书写页面页脚模块的代码，具体如下：

微课：页脚模块页面
制作

```
1.   <!-- 页面页脚模块 -->
2.   <footer>
3.   <ul class="f-nav">
4.   <li><a href="#"> 关于我们 </a></li>
5.   <li><a href="#"> 客户端 </a></li>
6.   <li><a href="#"> 电脑版 </a></li>
7.   <li><a href="#"> 帮助 </a></li>
8.   <li><a href="#"> 反馈 </a></li></ul>
9.   <p>copyright &copy 品书公益阅读网 2019-2022 </p>
10.  </footer>
11.  <!-- 页面页脚模块 -->
12.  </body></html>
```

2. 控制样式

打开样式表文件 index.css 书写 CSS 样式代码，用于控制页面页脚模块，具体如下：

```
1.   /* 页面页脚模块 */
2.   footer{
3.       text-align: center;
4.       padding:.5rem 0;}
5.   footer .f-nav{
6.       display: flex;
7.           justify-content: space-around;}
8.   /* 页面页脚模块 */
```

保存 index.html 与 index.css 文件，刷新页面，效果如图 3-26 所示。至此，整个主页页面制作完成，完整效果如图 3-1 所示。

图 3-26 页脚模块效果

拓展实践

方案：设计制作公益阅读网子页。

目标与要求：

1. 设计制作 2~3 个子页，网页布局清晰、合理、规范、有创意；
2. 色彩搭配协调，文字描述合理，图片显示正确。

项目小结

本项目概括地介绍了移动端与 PC 端界面设计的主要区别和移动端网页界面设计参考规范，通过对项目实战的详细讲解，帮助读者深入了解并掌握移动端网页界面设计与布局实现的一般过程及方法与技巧。

项目4 视听音乐网主页界面设计与布局实现

项目目标

1. 熟悉移动端网站设计制作流程；
2. 熟悉移动端网站设计制作注意事项；
3. 掌握移动端网页界面设计规范（重点）；
4. 掌握 Photoshop 设计制作移动端网页界面的方法与技巧（重点）；
5. 掌握 HTML5 与 CSS3 制作移动端网页页面的方法与技巧（重点）；
6. 掌握弹性布局等移动端常用布局的使用方法与技巧（重点）。

项目描述

　　项目主题："时光"视听音乐网主要分享中华文化经典传唱歌曲、正能量励志歌曲、古风音乐、跑步健身、影视歌曲，静心修身、上榜新歌、网络热歌、有声读书等多种类音乐在线倾听、经典传唱，始终推荐有深度、有热度的民族音乐、励志歌曲等，在音乐中感受"大美中华"的文化自信与心灵治愈。"时光"视听音乐网让好听的音乐陪伴您的每一步成长，悠扬的节奏让生活更加精彩。

　　项目实施：本项目主要通过 Photoshop、HTML5、CSS3 等进行"时光"视听音乐网主页的移动端网页界面设计与布局实现。主页页面展示网站听与唱的主题，提供站内搜索、导航、按类别听歌等主要功能，主页展示经典传唱、推荐歌单、排行榜等展示内容，以图片为主并配以简要的文字说明，通过页面头部、页面导航及 banner、页面主体、页面页脚 4 个模块完成视听音乐网的布局实现，主页效果如图 4-1 所示。

视听音乐网主页界面设计与布局实现源文件

图 4-1　"时光"视听音乐网主页效果

4.1　移动端网页布局实现相关知识

4.1.1　视口

1. 视口

浏览器中用于显示网页内容的区域称为视口（viewport）。视口通常并不等于屏幕大小，特别是可以缩放浏览器窗口的情况下。PC 端的视口是浏览器窗口区域，视口宽度和浏览器窗口的宽度一般保持一致，而移动端则较为复杂，它涉及布局视口、视觉视口和理想视口三个不同视口。

（1）布局视口。移动设备上的浏览器首先保证的是能让所有的网页都正常显示，包括那些不是为移动设备设计的网页。浏览器的可视区域就是我们肉眼直观看到的部分，如果以浏览器的可视区域作为视口，由于移动设备的屏幕都不是很宽，所以那些为桌面浏览器设计的网站放到移动设备上显示时，必然会因为移动设备的视口太窄，页面中的内容就会全部挤在一起显示。所以，移动设备不会拿浏览器的可视区域作为视口，而是在默认情况下给了视口一个比较宽的值，目的就是为了那些为桌面计算机端设计的网页也能在移动设备上正常显示。这个视口就叫作布局视口，效果如图 4-2 所示。

一般移动设备的浏览器都默认设置了一个布局视口。布局视口大小如图 4-3 所示，并且该视口最常见的分辨率为 980 px。由于 980 px 的宽度大于大部分手机屏幕的宽度，为了将页面显示完全，只能对原来的页面进行缩放，如果不进行缩放，那么就需要左右拖动来浏览（大部分浏览器默认采用缩放方式）。

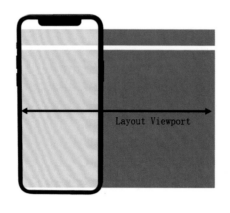

设备名	布局视口大小
iPhone	980px
ipad	980px
Android Samsung	980px
Android HTC	980px
Chrome	980px
Opera Presto	980px
BlackBerry	1024px
IE	1024px

图 4-2　布局视口　　　　　　　　　　　　　　　图 4-3　常见设备布局视口大小

（2）视觉视口。视觉视口是指用户正在看到的网页的区域，效果如图 4-4 所示。用户可以通过缩放查看网页的内容。如果用户缩小网页，则看到的网页区域将变大，此时视觉视口也会变大；同理，用户放大网页，则能看到的网页区域将缩小，此时视觉视口也会变小。

需要注意的是，当在手机中缩放网页的时候，操作的是视觉视口，不管用户如何缩放，都不会影响到布局视口的宽度。

（3）理想视口。对设备来说，当布局视口的尺寸等于设备屏幕的尺寸时是最理想的视口尺寸，也就是理想视口，效果如图 4-5 所示。理想视口没有固定的尺寸，不同设备拥有不同的理想视口，无论在何种分辨率的屏幕下，用户不需要通过缩放或平移来查看页面的内容，即页面打开就能正常浏览，不需要用户做额外的操作。在开发中，为了实现理想视口，需要给移动端页面添加标签配置视口，通知浏览器来进行处理。

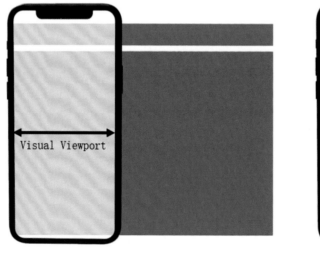

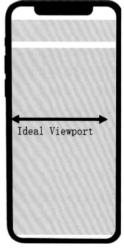

图 4-4　视觉视口　　　　　　　　　　　　　　图 4-5　理想视口

2. meta 标签设置视口

在 head 标 签 中 使 用 <meta name="viewport" content="width=device-width, initial-scale=1.0, maximum-scale=1.0, minimum-scale=1.0, user-scalable=no">，该 meta 标签的作用是让当前 viewport 的宽度等于设备的宽度，同时不允许用户手动缩放。

（1）width：用来设置视口的宽度。 width=device-width 也就是将 layout viewport（布局视口）的宽度设置 ideal viewport（理想视口）的宽度。

（2）initial-scale：初始缩放比例，可以带小数。

（3）maximum-scale：最大缩放值，可以带小数。

（4）minimum-scale：最小缩放值，可以带小数。

（5）user-scalable：用户是否可以缩放，yes 或 no。

4.1.2　常用布局

1.　流式布局

流式布局，就是百分比布局，也称非固定像素布局。通过将盒子的宽度设置成百分比，从而根据屏幕的宽度来进行伸缩，不受固定像素的限制，内容向两侧填充。需要注意的是在制作过程中，一般需要定义页面的最大和最小支持宽度：max-width 最大宽度和 max-height 最大高度；min-width 最小宽度和 min-height 最小高度。

2.　flex 弹性布局

flex 就是 flexible box 的缩写，意为弹性布局，用来为盒装模型提供最大的灵活性，任何一个容器都可以指定为 flex 布局。采用 Flex 布局的元素，称为 flex 容器（flex container），简称容器。它的所有子元素自动成为容器成员，称为 flex 项目（flex item），简称项目（注意：设为 Flex 布局以后，子元素的 float、clear 和 vertical-align 属性将失效）。

容器默认存在两根轴：水平的主轴（main axis）和垂直的交叉轴（cross axis）。主轴的开始位置（与边框的交叉点）叫作 main start，结束位置叫作 main end；交叉轴的开始位置叫作 cross start，结束位置叫作 cross end。项目默认沿主轴排列。单个项目占据的主轴空间叫作 main size，占据的交叉轴空间叫作 cross size。

（1）容器属性。

① flex-direction：定义容器主轴方向。row（默认值）表示从左向右，row-reverse 表示从右向左，column 表示从上到下，column-reverse 表示从下到上。

② justify-content：定义项目在主轴方向上的对齐方式。flex-start（默认值）表示向左对齐，flex-end 表示向右对齐，center 表示居中对齐，space-between 表示两端对齐（每一个子元素等距离间隔，子元素与容器边框无间隔），space-around 表示每个子元素两侧的间隔相等（子元素之间的间隔比子元素与容器边框的间隔大一倍）。

③ align-items：定义项目在交叉轴方向上的对齐方式。flex-start 表示垂直方向的起点对齐，flex-end 表示垂直方向的终点对齐，center 表示垂直方向的中点对齐，baseline 表示与第一个子元素中文字的基线对齐，stretch（默认值）表示如果子元素没有设置高度或高度设为 auto，那么它将占满整个容器的高度。

④ flex-wrap：默认情况下的布局一般在同一行，当设置了 flex-wrap 属性之后将自动将排列不下的内容进行换行。nowrap（默认值）表示不换行，wrap 表示向下换行，wrap-reverse 表示向上换行。

⑤ align-content：定义项目在两种方向上的对齐方式。flex-start 表示当容器方向子元素刚好填满时与垂直方向的起点对齐，flex-end 表示当容器方向子元素刚好填满时与垂直方向的终点对齐，center 表示当容器方向子元素刚好填满时与垂直方向的中点对齐，space-between 表示当容器方向子元素刚好填满时，垂直方向两端对齐，子元素之间的等距离间隔，space-around 表示两个方向两侧的间隔都相等（轴线之间的间隔比轴线与边框的间隔大一倍），stretch（默认值）表示占满整个垂直方向。

⑥ flex-flow：是 flex-direction 与 flex-wrap 的简写，当使用这个属性的时候可以写两个属性值，例如：flex-flow: row wrap;（水平排列，多行显示）。

（2）项目属性。

① order：定义了项目的排列顺序，数值小的在前。

② lex-grow：定义了项目的放大比例，默认值为 0。当给所有项目设置该属性为 1，那么将等分所有空间，如果单独给某一个项目设置 n 倍，那么该项目将占据的空间比其他子项目多 n 倍。

③ flex-shrink：定义了项目的缩小比例，默认值为 1。给所有项目设置该属性为 1，当空间不足时则所有项目将等比例缩小平分所有空间，如果单独给某一个项目设置 0，那么该项目将在空间不足时不缩小。

④ flex-basis：定义了给项目分配空间时其占据的空间为多少，可以设置为与其 width 和 height 属性一样的值，那么它将被分配固定的空间大小。

⑤ lex：该属性为 flex-grow、flex-shrink 和 flex-basis 的简写。

⑥ align-self：该属性允许设置过的项目有与其他项目不一样的对齐方式，可以覆盖 align-items 属性。auto 为默认值，表示默认继承父级的 align-items 属性，flex-start 表示垂直方向的起点对齐，flex-end 表示垂直方向的终点对齐，center 表示垂直方向的中点对齐，baseline 表示与第一个项目中文字的基线对齐，stretch（默认值）表示如果项目没有设置高度或高度设为 auto，那么它将占满整个容器的高度。

3. rem 布局

rem 适配布局是一种基于页面根元素的布局方式，页面中的元素采用 rem 作为尺寸或者间距的单位，只要想办法去动态改变 html 标签的 font-size 大小，这样就可以适配不同的设备进行等比缩放。例如：当前设置根元素 fontsize=16 px，那么 1 rem=16 px，所以，根据屏幕大小而动态改变 fontsize 的值，从而做到移动端 rem 适配效果。一般可以通过结合媒体查询、JS 等来监听屏幕改变，从而动态改变页面根元素的 fonsize 大小，对页面进行缩放改变。

4. 媒体查询

媒体查询可以让我们根据设备显示器的特性（如视口宽度、屏幕比例、设备方向等）为其设定 CSS 样式，可以在不改变页面内容的情况下，为特定的一些输出设备定制显示效果。媒体查询中可用于检测的媒体特性有 width、height 和 color 等。

@media 可以针对不同的屏幕尺寸设置不同的样式，特别是如果你需要设计响应式的页面，@media 是非常有用的。

语法格式：@media not|only mediatype and (mediafeature and|or|not mediafeature) {CSS-Code;}，如 @media only screen and (max-width: 500 px)。

注意：

除非使用 not 或 only 逻辑操作符，媒体类型是可选的，一般会应用 all 类型，也可以针对不同的媒体使用不同样式文件。

4.1.3　常用 CSS 单位

1. CSS 单位

CSS 长度单位有两种类型：绝对单位和相对单位。绝对长度单位是固定的，用任何一个绝对单位表示的长度都将恰好显示为这个尺寸，如：px、pt、in 等，不建议在屏幕上使用绝对长度单位。相对长度单位规定相对于另一个长度属性的长度值，对于不同的设备，相对长度单位更适用。

2. 常用相对单位

（1）em。相对于当前元素的字体大小（font-size），如当前元素的 font-size 设置为 20 px，

2 em 表示当前字体大小的 2 倍，即 40 px。

（2）rem。相对于根元素 html 的字体大小，如根元素的 font-size 设置为 10 px，则 2 rem 表示 20 px。

（3）vw 和 vh。vw 相对于视窗宽度，1 vw= 视窗宽度的 1%；vh 相对于视窗高度，1 vh= 视窗高度的 1%；vmin 和 vmax 分别表示 vw 和 vh 中较小和较大的那个。

> **注意：**
>
> 数字和单位之间不能出现空格。但是，如果值为 0，则可以省略单位。对于某些 CSS 属性，允许使用负的长度。

4.2　项目实战——视听音乐网主页界面设计

结合移动端网页界面设计相关理论知识，本节将完成视听音乐网主页界面设计实际项目案例。通过完成主页界面的设计与制作过程，加深对移动端网页界面设计与制作方法的理解与掌握。

4.2.1　头部和页脚模块界面设计

（1）打开 Photoshop 软件，新建移动端 web 文档，宽度为 750 px，高度为 1866 px，分辨率为 72 ppi。

（2）参考移动端网页界面设计基本尺寸规范，用参考线先将画布进行分割。页面头部高 98 px，页面导航高 80 px，页面 banner 高 278 px，页面主体高 1318 px，页面页脚高 92 px，页面主体分成三个部分，高度依次为 416 px、416 px、486 px，效果如图 4-6 所示，文件中所有字体使用"华文细黑"。

（3）制作头部模块。创建"头部模块"图层组，使用"矩形"工具绘制主页头部区域背景色，宽度 750 px，高度为 98 px，颜色为 #e16531；置入预先准备好的耳麦和麦克风图片素材，调整宽高大小为 78 px，使其在头部区域内垂直居中对齐，水平方向分别靠左和靠右；使用"圆角矩形"工具绘制搜索框，宽度为 532 px，高度为 60 px，设置圆角半径为 30 px，填充颜色为白色，调整搜索框位置水平和垂直方向居中对齐，效果如图 4-7 所示。

（4）继续制作头部模块。置入预先准备好的搜索图片素材，调整宽高大小为 56 px；使用"文本"工具输入搜索框提示文本内容，大小为 28 px，颜色为 #515961；调整搜索图片和文本使其在搜索框中水平和垂直方向居中对齐，效果如

微课：头部和页脚模块界面设计（一）

微课：头部和页脚模块界面设计（二）

图 4-6　分割画布　　　　图 4-7　头部模块部分效果

图 4-8 所示。

图 4-8　头部模块设计效果

（5）制作页脚模块。创建"页脚模块"图层组，分别输入两行文本内容，大小为 24 px，颜色为 #515961，调整两行文本位置水平和垂直方向居中对齐，效果如图 4-9 所示。

极速版　　手机版　　电脑版　　反馈　　帮助
©版权归时光音乐网所有2019-2022

图 4-9　页脚模块设计效果

拓展实践

方案：根据项目主题为"时光"视听音乐网设计制作 Logo。

目标与要求：

1. 了解常见视听音乐网站主题与功能，Logo 设计要体现网站主题，符合设计规范。
2. Logo 设计要简练，可体现网站宣传语，容易识别。

微课：导航和 banner
模块界面设计

4.2.2　导航和 banner 模块界面设计

（1）制作导航模块。创建"导航和 banner 模块"图层组，使用"文本"工具输入导航栏文本内容，大小为 32 px，颜色为黑色；使用"直线"工具在"分类"下方绘制一条水平直线，宽度为 86 px，粗细为 6 px，颜色为 #c04033，效果如图 4-10 所示。

分类　　国风　　歌单　　电台　　排行

图 4-10　导航模块设计效果

（2）制作 banner 模块。置入预先准备好的 banner 图片素材，调整宽高大小为 750 px 和 278 px，效果如图 4-11 所示。

图 4-11　banner 模块设计效果

4.2.3　主体模块界面设计

　　（1）制作主体模块"经典传唱"部分。增加参考线，标题部分占高 90 px，图文部分占高 326 px，创建"经典传唱"图层组，使用"文本"工具输入文本"经典传唱"，大小为 32 px，设置加粗，颜色为黑色，继续输入文本"更多 >"，大小为 28 px，不加粗，其他参数同上；使用"直线"工具在图片下方绘制一条水平长直线，粗细为 1 px，颜色为 #515961；置入预先准备好的日历图片素材，调整宽高大小为 36 px，并将图标素材放置在大标题左侧位置做好排列对齐，效果如图 4-12 所示。

微课：主体模块界面设计（一）

微课：主体模块界面设计（二）

日 经典传唱　　　　　　　　　　　更多 >

图 4-12　"经典传唱"部分标题效果

　　（2）继续制作主体模块"经典传唱"部分。置入经典传唱图片素材，调整宽高大小为 228 px，继续置入其他图片素材并调整大小（也可以使用"选择性粘贴"替换后面图片部分），将所有图片调整为水平居中分布；输入图片下方两行文本，大小为 24 px，颜色为黑色，复制文本图层，修改文本内容并调整好位置，效果如图 4-13 所示。

微课：主体模块界面设计（三）

日 经典传唱　　　　　　　　　　　更多 >

吴彤：满江红　　　郁可唯：爱莲说　　　张杰：少年中国说
莫等闲 白了少年头　爱莲之出淤泥而不染　少年强则国强

图 4-13　"经典传唱"部分设计效果

　　（3）制作主体模块"推荐歌单"部分。增加参考线，标题部分占高 90 px，图文部分占高 326 px，复制"经典传唱"图层组并更名为"推荐歌单"，移动至指定位置，修改所有图文内容，效果如图 4-14 所示。

 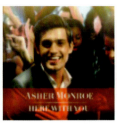 

图 4-14　"推荐歌单"部分设计效果

（4）制作主体模块"排行榜"部分。创建"排行榜"图层组，复制"经典传唱""更多 >"和直线图层，修改文本内容并移动到指定位置；置入歌单图片，调整宽高大小均为 36 px；置入所有排行榜图片素材，调整宽高大小均为 172 px，排列对齐，效果如图 4-15 所示。至此，主页界面设计完成，主页完整效果如图 4-1 所示。

图 4-15　"排行榜"部分设计效果

4.3　项目实战——视听音乐网主页头部模块布局实现

4.3.1　头部模块效果分析

1. 结构分析

（1）页面头部模块由三个图标、一个搜索框组成。

（2）页面头部模块通过 <header> 标记定义，中间的搜索框通过 <form>、<i>、<input> 标记来定义，左右两个图标通过 <i> 标记定义。

具体结构如图 4-16 所示。

图 4-16　头部模块结构分析

2. 样式分析

（1）整个页面头部模块设置 flex 弹性布局，水平排列两端对齐，背景颜色为 #e16531。

（2）两个图标设置垂直居中显示，颜色为 #fcf3ff。

（3）搜索框所在表单设置垂直居中显示，背景颜色为 #fff，搜索图标垂直居中，颜色为 #c8c8c8，输入文本框无边框，设置圆角效果，文本颜色为 #c8c8c8，搜索图标和输入文本框在表单中水平居中。

4.3.2　头部模块页面制作

微课：头部模块页面制作

新建视听音乐网站点文件夹，内部包含 images 文件夹用来存放素材图片，CSS 文件夹用来存放样式表文件 index.css，主页文件 index.html（注：这里使用了 iconfont 图标素材，直接在官网下载项目至本地，并将文件夹命名为 "iconfont"）。

1. 搭建结构

打开 index.html 文件，书写 html 基本结构和页面头部模块的代码，具体如下：

```
1.  <!DOCTYPE html>
2.  <html><head><meta charset="utf-8">
3.  <meta http-equiv="X-UA-Compatible" content="IE=edge, chrome=1">
4.  <title> 时光视听音乐网 </title>
5.  <meta name="keywords" content=" 时光，音乐，视听 ">
6.  <meta content="telephone=no" name="format-detection"/>
7.  <meta name="viewport" content="width=device-width, initial-scale=1, maximum-scale=1.0, minimum-
    scale=1.0, user-scalable=no" />
8.  <link rel="shortcut icon" href="images/favicon.png" />
9.  <link rel="stylesheet" type="text/css" href="iconfont/iconfont.css">
10. <link rel="stylesheet" type="text/css" href="css/index.css">
11. </head>
12. <body>
13. <!-- 页面头部模块 -->
14. <header><i class="iconfont">&#xe64a;</i>
15. <form action=""><i class="iconfont">&#xf00a8;</i>
16. <input type="text" value=" 搜索音乐、歌词、歌手 "></form>
17. <i class="iconfont">&#xe626;</i></header>
18. <!-- 页面头部模块 -->
```

2. 控制样式

打开样式表文件 index.css 书写 CSS 样式代码，用于初始化和控制页面头部模块的显示样式，具体如下：

```
1.   /* 样式初始化 */
2.   *{box-sizing: border-box;}
3.   html, body, p, ul, ol, dl, li, dt, dd, p, form, input, h1, h2, h3, h4, h5, h6, img, {
4.       margin:0;
5.       padding:0;}
6.   b, strong, i, em, h1, h2, h3, h4, h5, h6{
7.       font-weight:500;
8.       font-style:normal;}
9.   a{
10.      text-decoration: none;
11.      color:#000;}
12.  ul, ol{
13.      list-style:none;}
14.  html{
15.      font-size:26.67vw;}
16.  body{
17.      font-size:16px;
18.      display: flex;
19.      flex-direction: column;}
20.  /* 页面头部模块 */
21.  header{
22.      width: 100%;
23.      height:0.49rem;
24.      background:#e16531;
25.      display: flex;        }
26.  header>.iconfont{
27.      width:0.54rem;
28.      font-size:0.24rem;
29.      color:#fcf3ff;
30.      display: flex;
31.      align-items: center;}
32.  header form{
33.      flex:1;
34.      background:#fff;
35.      height:0.3rem;
36.      align-self: center;
37.      display: flex;
38.      border-radius:20px;
39.  overflow:hidden;}
40.  header form .iconfont{
41.      padding-left:0.47rem;
42.      display: flex;
43.      justify-content: center;
44.      align-items: center;
45.      font-size:0.14rem;
46.      color:#c8c8c8;}
47.  header form input{
48.      border:none;
49.      flex:1;
50.      font-size:0.14rem;
51.      color:#c8c8c8;
52.      padding-left:0.09rem;}
53.  header>.iconfont:first-child{
54.      padding-left:0.15rem;}
55.  header>.iconfont:last-child{
56.      padding-left:0.18rem;}
57.  /* 页面头部模块 */
```

保存 index.html 与 index.css 文件，刷新页面，效果如图 4-17 所示。

图 4-17　头部模块效果

知识总结与拓展

1. <linkrel="stylesheet"type="text/css"href="iconfont/iconfont.css"> 表示引用阿里巴巴矢量图标库中的图标样式，然后可以在 <body> 标记里直接使用 <i> 标记调用类 "iconfont" 使用图标，如 <iclass="iconfont"></i> 表示使用了耳麦图标。

2. 为了方便计算，可以将 html 的 font-size 值设置为 100 px，但是 100 px 是一个固定值，没有办法随着设备的改变而改变。可以用 vw 来解决 html 的 font-size 问题。

如果设计稿宽度尺寸为 750 px，dpr 的值为 2，适配的移动设备屏幕宽度为 375 px，则 100 vw=375 px，1 vw=3.75 px，得出 26.67 vw=100 px。如果量取一个盒子宽度为 100 px，那么 css 中就应该设置为 0.5 rem(100 px/2=50 px，50 px/100=0.5 rem)。

4.4　项目实战——视听音乐网主页导航和 banner 模块布局实现

4.4.1　导航和 banner 模块效果分析

1. 结构分析

（1）导航由分类、国风、歌单、电台、排行共 5 个列表项目组成，通过 <nav>、<a> 标记定义。

（2）定义一个 <div> 放置 banner 图片，通过 <img> 标记定义。

具体结构如图 4-18 所示。

图 4-18　导航和 banner 模块结构分析

2. 样式分析

（1）页面导航设置 flex 弹性布局，水平两端对齐。

（2）每个列表项设置垂直居中对齐，为每个列表项文本设置实线底边框，大小为 4 px，颜色为 #fff，第一个列表项文本设置底边框颜色为 #c04033。

（3）banner 图片指定图片高度大小，宽度满屏显示。

4.4.2　导航和 banner 模块页面制作

微课：导航和 banner
模块页面制作

1. 搭建结构

打开 index.html 文件，书写页面导航和 banner 模块的代码，具体如下：

```
1.    <!-- 页面导航和 banner 模块 -->
2.    <nav>
3.    <a href=""> 分类 </a>
4.    <a href=""> 国风 </a>
5.    <a href=""> 歌单 </a>
6.    <a href=""> 电台 </a>
7.    <a href=""> 排行 </a>
8.    </nav>
9.    <div class="banner">
10.   <img src="images/banner1.jpg" alt="">
11.   </div>
12.   <!-- 页面导航和 banner 模块 -->
```

2. 控制样式

打开样式表文件 index.css 书写 CSS 样式代码，用于控制页面导航和 banner 模块的显示样式，具体如下：

```
1.    /* 页面导航和 banner 模块 */
2.    nav{
3.        height:0.4rem;
4.        display: flex;
5.        justify-content: space-between;
6.        padding:0 0.12rem;}
7.    nav a{
8.        border-bottom:4px solid #fff;
9.        display: flex;
10.       align-items: center;
11.       padding:0.06rem;}
12.   nav a:first-child{
13.       color:#c04033;
14.       border-color:#c04033;}
15.   .banner {
16.       height: 1.39rem;   }
17.   .banner img{
18.       width: 100%;
19.       height: 100%;}
20.   /* 页面导航和 banner 模块 */
```

保存 index.html 与 index.css 文件，刷新页面，效果如图 4-19 所示。

图 4-19　导航和 banner 模块效果

知识总结与拓展

1. banner 类选择器只设置高度，使内容显示时占满整个设备宽度。
2. 图片选择器使用 width:100% 和 height:100% 可以保证图片在容器内始终保持完整显示。

4.5　项目实战——视听音乐网主页主体模块布局实现

4.5.1　主体模块效果分析

1. 结构分析

（1）页面主体模块由经典传唱、推荐歌单和排行榜三个部分组成。

（2）整个主体模块通过 <main> 标记定义，每个部分通过 <article>、<aside>、<dl>、<dt>、<dd>、<a>、<img>、<p>、<span>、<i> 标记来定义。

具体结构如图 4-20 所示。

2. 样式分析

（1）页面主体模块中所有标题部分设置 flex 弹性布局，水平两端对齐，设置底边框，大小为 1 px，颜色为 #dbdbdb，标题中图标颜色为 #c04736。

（2）"经典传唱"和"推荐歌单"两个部分中的图文设置 flex 弹性布局，水平两端对齐，图片设置无边框，文本水平居中显示。

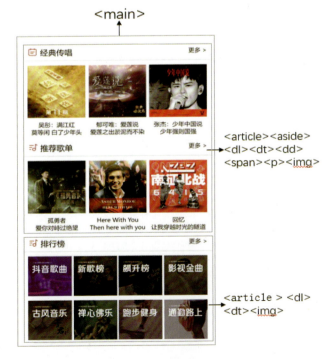

图 4-20　主体模块结构分析

（3）"排行榜"部分设置 flex 弹性布局，水平两端对齐，允许换行。

4.5.2　主体模块页面制作

微课：主体模块页面
制作（一）

微课：主体模块页面
制作（二）

1. 搭建结构

打开 index.html 文件，书写主体模块的代码，具体如下：

```
1.   <!-- 页面主体模块 -->
2.   <main>
3.   <!-- 经典传唱 -->
4.   <article class="title">
5.   <aside><i class="iconfont">&#xe8b4;</i><span> 经典传唱 </span></aside>
6.   <aside><i> 更多 </i><span>&gt</span></aside></article>
7.   <article class="imglist">
8.   <dl><dt><img src="images/ 经典传唱 1. jpg" alt=""></dt>
9.   <dd><p> 吴彤：满江红 </p><P> 莫等闲 白了少年头 </dd></dl>
10.  <dl><dt><img src="images/ 经典传唱 2. jpg" alt=""></dt>
11.  <dd><p> 郁可唯：爱莲说 </p><P> 爱莲之出淤泥而不染 </P></dd></dl>
12.  <dl><dt><img src="images/ 经典传唱 3. jpg" alt=""></dt>
13.  <dd><p> 张杰：少年中国说 </p><P> 少年强则国强 </P></dd></dl>
14.  </article>
15.  <!-- 经典传唱 -->
16.  <!-- 推荐歌单 -->
17.  <article class="title">
18.  <aside><i class="iconfont">&#xe503;</i><span> 推荐歌单 </span></aside>
19.  <aside><i> 更多 </i><span>&gt</span></aside></article>
20.  <article class="imglist">
21.  <dl><dt><img src="images/ 推荐歌单 1. jpg" alt=""></dt>
22.  <dd><p> 孤勇者 </p><P> 爱你对峙过绝望 </P></dd></dl>
23.  <dl><dt><img src="images/ 推荐歌单 2. jpg" alt=""></dt>
24.  <dd><p>Here With You</p><P>Then here with you </P></dd></dl>
25.  <dl><dt><img src="images/ 推荐歌单 3. jpg" alt=""></dt>
26.  <dd><p> 回忆 </p><P> 让我穿越时光的隧道 </P></dd></dl>
27.  </article>
28.  <!-- 推荐歌单 -->
```

```
1.   <!-- 排行榜 -->
2.   <article class="title">
3.   <aside><i class="iconfont">&#xe503;</i>
4.   <span> 排行榜 </span></aside>
5.   <aside><i> 更多 </i><span>&gt</span></aside>/article>
6.   <article class="imglist1">
7.   <dl><dt><img src="images/ 排行榜 1.png" alt=""></dt></dl>
8.   <dl><dt><img src="images/ 排行榜 2.png" alt=""></dt></dl>
9.   <dl><dt><img src="images/ 排行榜 3.png" alt=""></dt></dl>
10.  <dl><dt><img src="images/ 排行榜 4.png" alt=""></dt></dl>
11.  <dl><dt><img src="images/ 排行榜 5.png" alt=""></dt></dl>
12.  <dl><dt><img src="images/ 排行榜 6.png" alt=""></dt></dl>
13.  <dl><dt><img src="images/ 排行榜 7.png" alt=""></dt></dl>
14.  <dl><dt><img src="images/ 排行榜 8.png" alt=""></dt></dl>
15.  <!-- 排行榜 -->
16.  </main>
17.  <!-- 页面主体模块 -->
```

2. 控制样式

打开样式表文件 index.css 书写 CSS 样式代码，用于控制页面主体模块，具体如下：

```
1.   main .title{
2.       border-bottom: 1px solid #dbdbdb;
3.       height:0.45rem;
4.       display: flex;
5.       justify-content: space-between;
6.       padding:0 0.1rem;}
7.   main .title aside:first-child{
8.       padding-top:0.15rem;}
9.   main .title aside:first-child .iconfont{
10.      font-size:0.2rem;
11.      color:#c04736;}
12.  main .title aside:first-child p{
13.      font-size:0.23rem;}
14.  main .title aside:last-child{
15.      font-size:0.1rem;
16.      padding-top:0.15rem;}
17.  main .imglist{
18.      display: flex;
19.      justify-content: space-between;
20.      padding:0 0.1rem;}
21.  main .imglist dl{
22.      width:1.14rem;
23.      margin-top:0.1rem;}
24.  main .imglist dl dt {
25.      width:1.14rem;
26.      height:1.14rem;}
27.  main .imglist dl dt img{
28.      width:100%;
29.      height:100%;}
30.  main .imglist dl dd{
31.      font-size:0.12rem;
32.      line-height:0.16rem;
33.      margin-top:0.07rem;}
34.  main .imglist dl dd p{
35.      text-align: center;}
36.  main .imglist1{
37.      display: flex;
38.      flex-flow:wrap;
39.      justify-content: space-between;
40.      padding:0 0.1rem;}
41.  main .imglist1 dl{
42.      width:.86rem;
43.      margin-top:0.1rem;}
44.  main .imglist1 dl dt {
45.      width:.86rem;
46.      height:.86rem;}
47.  main .imglist1 dl dt img{
48.      width:100%;
49.      height:100%;}
50.  /* 页面主体模块 */
```

保存 index.html 与 index.css 文件，刷新页面，效果如图 4-21 所示。

图 4-21　主体模块效果

知识总结与拓展

1. banner 类选择器只设置高度，使内容显示时占满整个设备宽度。

2. 图片选择器使用"width:100%"和"height:100%"可以保证图片在容器内始终保持完整显示。

4.6　项目实战——视听音乐网主页页脚模块布局实现

4.6.1　页脚模块效果分析

1. 结构分析

（1）页面页脚模块由底部导航和版权信息两个部分组成。

（2）页面页脚模块整体通过 <footer> 标记定义，底部导航通过 <p>、<a> 标记定义。

（3）版权信息通过 <p> 标记定义。

具体结构如图 4-22 所示。

图 4-22　页脚模块结构分析

2. 样式分析

（1）页面页脚模块设置实线上边框，大小为 1 px，颜色为 #515151。

（2）底部导航和版权信息分别设置 flex 弹性布局，主轴方向分散对齐，文本颜色为 #515151。

（3）整个文本与四周边缘设置边距，两行文本间设置一定间距。

4.6.2　页脚模块页面制作

微课：页脚模块页面
制作

1. 搭建结构

打开 index.html 文件，书写页面页脚模块的代码，具体如下：

```
1.    <!-- 页面底部模块 -->
2.    <footer>
3.    <p class="item">
4.    <a href="#"> 极速版 </a>
5.    <a href="#"> 手机版 </a>
6.    <a href="#"> 电脑版 </a>
7.    <a href="#"> 反馈 </a>
8.    <a href="#"> 帮助 </a></p>
9.    <p class="item"> &copy 版权归时光音乐网所有 2019-2022 </p>
10.   </footer>
11.   <!-- 页面底部模块 -->
12.   </body></html>
```

2. 控制样式

打开样式表文件 index.css 书写 CSS 样式代码，用于控制页面页脚模块，具体如下：

```
1.    /* 页面底部模块 */
2.    footer{
3.        height: .42rem;
4.        font-size: .12rem;
5.        color: #515151;
6.        border-top: 1px solid #dbdbdb;
7.        margin: .05rem .2rem;
8.        padding-top: .05rem;}
9.    footer .item{
10.       display: flex;
11.       flex-direction: row;
12.       flex-wrap: nowrap;
13.       justify-content: space-around;
14.       margin-bottom: .05rem;}
15.   footer .item a{
16.       color: #515151;}
17.   /* 页面底部模块 */
```

保存 index.html 与 index.css 文件，刷新页面，效果如图 4-23 所示。至此，整个主页页面效果制作完成，效果如图 4-1 所示。

图 4-23　页脚模块效果

拓展实践

　　方案：设计制作视听音乐网子页。

　　目标与要求：

1. 设计制作 2～3 个子页，网页布局清晰、合理、规范、有创意；

2. 色彩搭配协调，文字描述合理，图片显示正确。

◉ **项目小结** ···◉

　　本项目较详尽地介绍了视口、常用布局、相对单位等移动端布局实现相关知识，通过对项目实战的详细讲解，帮助读者深入了解并掌握移动端网页界面设计与布局实现的一般过程及方法与技巧。

参考文献

[1] 石磊，王维哲. HTML5+CSS3 网页设计基础教程 [M]. 北京：清华大学出版社，2018.

[2] 孟祥玉，侯楚. 网站 UI 设计案例教程 [M]. 北京：人民邮电出版社，2020.

[3] 王艳丽. 网页设计案例教程 [M]. 北京：北京理工大学出版社，2016.

[4] 马蓉平，郑志刚. 网页设计与制作 [M]. 北京：北京理工大学出版社，2019.

[5] 黑马程序员. 网页设计与制作项目教程（HTML+CSS+JavaScript）[M]. 北京：人民邮电出版社，2017.

[6] 张晨起，等. Photoshop 网站 UI 设计 [M]. 2 版. 北京：机械工业出版社，2018.